シベリア
満州
樺太
モンゴル
北朝鮮
大韓民国
日本
中華人民共和国
（中国）
台湾
ラオス
タイ
ベトナム
カンボジア
フィリピン
ダバオ
パラオ
ラブアン島
ブルネイ
マレーシア
シンガポール
インドネシア
パプワ
ニュー
ギニア
東ティモール
オーストラリア

〝戦争〟を旅する

# 天皇の素うどん――パラオへ

昭和三十二年に学習院大学に入学した私は、学生食堂でふしぎな話を聞いた。食堂のおじさんが大きな声で叫んでいるのだ。

「皇太子さまは偉い人だよ。毎日、素うどんを召し上ったんだよ。ある時、私は皇太子さまに聞いたんだ。『よほど素うどんがお好きなんですネ』と。すると皇太子様はこう言われた。『戦争で沢山の人が苦しい思いをされたのだ。ぜいたくなんて出来ない』とネ。「偉い人だなあ」とわしは声も出なかったよ。ご卒業まで素うどんは続いたのさ」

この食堂では素うどんが一番安くて二十円。油あげや豚肉、タマゴが入ると段々高くなる。四十円の肉うどんなどが平均的なものだった。貧乏学生の私は素うどん派だったから、皇太子様の素うどんはうれしかった。昭和三十年代と言えば、戦争が終ってやっと十年、まだまだ苦しい暮らしの人は多かった筈だ。

しかし「もはや戦後ではない」と言われ、大抵の人が出来れば戦争のことなど忘れてしまいたいと考えていた。

食堂のおじさんが言うように皇太子様は偉い人だった。その後、天皇になられてからも積極的に皇后様と共に激戦地を訪ねられ、慰霊の旅を続けられた。南方の地にも出向いて下さって、美智子皇后と共にしっかりと勉強された上で戦没者の慰霊をしておられる。

平成二十六年の秋だった。私はパラオのコロールのホテルから空港に向かおうとしていた。飛行機の出発の時刻の都合で、私達はま

## 天皇の素うどん――パラオ

夜中にホテルを出なくてはならなかった。

月もない日であたりはまっ暗だった。眠気をがまんして、マイクロバスに乗り込んだ私達の中にはうつらうつらする者もあった。暗闇の中で波の音が静かに聞こえていた。

その時だった。グループのリーダーが立ち上って、話を始めた。

「皆さまにお知らせします。唯今、ニュースが入りました。天皇皇后両陛下が来春パラオにおいでになる事が本決まりとなったそうです」

思わず拍手がおこった。泣き出す者もいた。私もパラオで果てた沢山の英霊がどんなに喜ぶことだろうと思って胸をあつくした。

バスは黙って夜中のコロールの町を通りぬけていた。私の耳元で「皇太子の素うどんだよ」と叫んでいた学食のおじさんの声が聞こえて来た。

その時、私は二度目のパラオ行きだった。私とパラオを結びつけたのは、一人の女性のことだった。

平成十九年の春の盛り、私はフラッと訪ねた靖国神社で一つの話を聞いた。ちょうどパラオ展というイベントがあって、パラオの酋長が話をしていた。

その時、パラオでの激戦の様子が語られ「日本人はすごい。芸者まで戦ったのだ」と言って久松という芸者の話をしていた。

「戦争をしたのは男で、女は銃後の守りと言われ何もしなかった。女は軍服を着なかった」とずっと私は思っていた。

銃をにぎって敵を討ちまくったという芸者久松のことがその時から私の胸の中に生き始めていた。久松の足跡を知るためにパラオに行きたいと思っていた。

すると四、五年経って「戦没地を訪ねる旅」を主宰している人からパラオ行きの計画が送られて来た。一人ではどうにもならなかったので喜んで参加させて頂いた。

# 天皇の素うどん――パラオ

パラオは美しい島だった。現在ではダイビングなどのリゾートとして、大人気の所だ。パラオと日本は緯度を同じくし、飛行機で四時間半で到着出来る。

海の美しさは抜群で、珊瑚礁の海にはロックアイランドとよばれる二百以上の島々が浮かんでいる。日本人はこの島々をパラオ松島と呼んだと言われている。

この美しい島に日本人が二万人も住んでいた時代があった事をあらためて、ふり返る。

パラオはもともとドイツが支配する所であったが第一次世界大戦でドイツが敗北した際、日本の委任統治領となる。

日本はパラオのコロールに南洋庁が置かれ、サイパン等の南洋群島の政治などをつかさどった。そのコロールの町がまぼろしのように残されていた。沢山の旅館や料亭の後が残され、当時の繁栄がしのばれた。

私の胸中の人、久松がいた料亭・鶴の家はそれらの中でも特別に大きい建物であったことが、その礎石からしのばれた。

　南洋庁にやって来る軍人や政治家が、鶴の家のような旅館や料亭を利用したであろう事をコロールの町は教えてくれた。この町のどこかが久松のおもかげを教えてくれる筈だと、私は目の色を変えたが、現地の人とは言葉も通じず、地理も分らず、どうする事も出来ないのだった。

　最初の夜は空しくすぎて行った。翌朝早く起こされ、ホテルを出達。マダライの波止場《はとば》には私達の乗る船が待っていた。二十人位が乗ると一杯になる大型のモーターボートだった。黒人の体の大きい青年がハンドルを握っていた。

　これからペリリュー島、アンガウル島に向かうのだ。私の久松が兵隊さんに混じって、銃を討ち、敵の銃弾に倒れて死んで行ったペリリュー島はどうしても行ってみたい所だった。

大海に船が出る。いるかの群が見えた。ガイドは「いるかがいます」と自慢気に指差す。

パラオでは「いるかと一緒に泳げる」というツアーが人気なのだそうだ。

どこを見廻しても美しい。夢のような時が過ぎて行った。ガイドは遠い昔、パラオの人がイギリスの王子を助けた事からイギリスの王様と仲良くなった話をしてくれた。

「それがあの島でのことです」

それはパラオに伝わるうれしい話であるらしく、その後もあちこちで同じ話を聞かされた。久松の話をする人はない。

パラオはイギリスと対等のつきあいをした事を誇りとした日もあったのだが、その後、スペインに統治され、その後ドイツのものとなり、日本に統治される。今はアメリカの一部である。イギリスの王子を救った話は土地の人の喜びとするものなのだろう。

そうこうするうち、船は島についた。ここがペリリュー島である。迎えの車が待っていて、私達はそれに分乗して見学に出発する。昭和十九年九月、この島にまず六千人近い日本兵が上陸して、敵軍の襲撃を迎え討ったのだ。

何故、ペリリューが激戦の島となったのか。米軍からペリリューは「天皇の島」と呼ばれた。昭和天皇が「ペリリューは大丈夫か」と数回に渡り、ご下問されたのだそうだ。ペリリューの守備隊に対して、十一回の御嘉賞を賜ったとも伝えられる。

兵達は天皇の島を守るのだという強い思いから相手軍を塹壕の中で身をひそめて迎え討つ。待って待って、待ち尽くして戦って死ぬ。これは玉砕とはまた別の苦しい戦いだった。

パラオの酋長が話していた久松は銃を握って死んでいる。このペリリューのどこで命を落したのか。兵の中に女性の遺体を見い出した米軍は、そこに白い十字架を立てて行ったという。十字架は長くその地にあったという。

それがどこなのか。ガイドさんも分らないと言う。ペリリューは小さな島である。青い海が、死んだ兵の血でまっ赤になったというオレンジビーチと呼ばれる所も見た。

島の突端には日米の慰霊碑が立てられていた。ペリリュー島では日本側一万人、米軍八千人の戦没者があったのだ。アメリカ軍でこれほどの犠牲者が出たのは珍しい。

それだけにアメリカにとってもペリリュー島への思いは強いものであったのだ。

私のペリリューへの旅は一日中島内をめぐり、終ろうとしていた。この日はペリリュー泊である。民宿のような質素なホテルに落着き一息つく。島には公衆トイレもなく、草むらの中で用を足す体験もした。

宿はボロだったが、外に出て見ると満天の星が降るようだった。

兵隊さんたちもこの星を見たのだろう。

　翌日はアンガウル島に移動する。ここも激戦の地で一二〇〇人の日本兵と三〇〇〇余の米軍が命を落している。戦いはペリリューよりも悲惨であったという。島には古くからリン鉱石が発掘されていたので、戦争前からアンガウル島は重要な島だった。今はそのおもかげもなく、島内の環境はペリリュー島よりひどかった。

　この島の見学が終るとコロールに帰る。ついに久松の実体に迫ることは出来なかったが、端切れのように残された人々の話や記録、そして何よりもパラオの地の空気などを得て、私は『パラオの恋』という作品を書き上げた。その作品は本になったが、反応はさっぱりだった。芸者が戦った事などさして、興味をそそうものではないらしい。

　しかし私のパラオへの思いと久松の事はゆるぎないものとして残されていた。

平成二十六年、パラオで日米合同の慰霊祭が開催されるというので参加させて頂くことにした。

それが私の二度目のパラオだった。合同慰霊祭はペリリュー島の小学校で行なわれた。アメリカ側は軍艦に乗って百名もの参加者があったが、日本側は私達ツアーの者とほんの少しの関係者ばかりだった。日本政府は何を考えているのかと私達は残念でたまらなかった。

七十年の歳月を過ぎた今、敵も味方もない。共に苦しみ、傷つきあった日々のあった事を共になぐさめ合おうと言う主旨のイベントであった筈なのに、と私達は小さくなって日本側の席にすわっていた。

それでもペリリュー戦生き残りの最高齢の土田喜代一さんが娘さんに守られて出席しておられた。

この日の一番の名場面、両国の最高齢者の兵隊さんが握手をするシーンでは土田さんが輝いていた。

舞台の上の老いた二人の兵士がひしと抱き合い、

「かつては戦った相手だが、今は同じ苦しみを体験した者同志、何のわだかまりもない。今日このペリリューで逢えたことを喜んでいる」

と、アメリカ側の老兵士が語り、通訳された。土田さんの思いも同じであると語った。

そんなイベントの帰り道、私達は先に述べた天皇、皇后両陛下のパラオご訪問のニュースを聞いたのだ。ペリリューに骨をうめた英霊達はどれほど喜んでいるだろうか。黙ってこの南海の島で果ててからの七十年を思って、私はマイクロバスのすみで泣いていた。

そんな日から、数ヶ月後ついに両陛下はペリリューの地に立っておられた。平成二十七年四月九日、ペリリュー島に立って、ふかぶかと頭を下げられるお二人のお姿をテレビで拝見して、私はまた泣

# 天皇の素うどん——パラオ

2015年4月「米陸軍第81歩兵師団慰霊碑」で供花される天皇、皇后両陛下（現上皇ご夫妻）。代表撮影/毎日新聞社提供

いた。

しかし、私には一つの心配があった。あの苛酷な環境の島でお泊りになるのだろうか、と勝手に心配していた。新聞記事によればお二人は船でペリリューに向い、船でお泊りになったという事だった。

テレビの映像に、お二人があの特徴ある戦没者慰霊碑の前で献花をされるお姿が写っていた。

それを見た時、私の耳には学食のおじさんの声がまた聞こえていた。「戦争で苦しんだ人の事を思うとぜいたくは出来ない」と言って素うどんを召し上がっていた若き日の天皇のことが思われた。

その思いを貫かれ、高齢になられても慰霊の旅を続けて下さる両陛下に心からのお礼を申し上げたい。

# 『異国の丘』の真実

大きな戦争が終わり、やっと皆が平和と解放的な日々を実感するようになる。食料や物資には事欠き、大変だったが、とにかく「もう死ななくて良い」という安心があたりに満ちていた。

その頃、人々の楽しみはラジオから流れる『素人のど自慢』だった。始まったのは昭和二十一年一月十九日（土）だった。それがやがて日曜日になる。

そもそもこの番組が出来たきっかけはＧＨＱの指導によるもの

だった。

「民主主義を定着させるために、出来るだけ大勢の一般市民をラジオに登場させせろ」というのがGHQの言い分だった。

ＮＨＫラジオでは「どうしたら一般市民をラジオに出す事が出来るのか」と頭をひねった結果、日本人が好きなのど自慢大会に思い至ったのだ。

第一回の放送の時、九百人の歌自慢が集ったと言う。予選大会を経て、本番に登場すると歌の出来悪しによって鐘が三つなると合格になる。ほとんどが残念ながら鐘一つだった。

昭和二十三年八月一日（日）のことだ。不思議な歌が歌われた。歌い手は抜群にうまく、鐘が三つ鳴った。鐘が三つなると合格でアナウンサーは歌い手に話しかけてくれる。

この時アナウンサーは「これはどういう歌ですか」と質問した。『俘虜の歌える』という題名を聞いても誰も分らなかった。当選者は静かに語り出した。

「シベリアに抑留されている日本人が苦難の日々を耐えて、生き抜くために作った歌です」と語る男は、よれよれの軍服を着ていて、つい今しがた大陸から引き揚げて来たように見えたそうだ。

アナウンサーはふっと息を飲み、絶句した。国内の者は平和を喜び、新しい時代を享受し始めていると言うのに、凍土のシベリアにはまだ取り残されている日本人がいるという事がラジオを通して、日本中に伝えられた瞬間であった。

この放送を聞いていた作詞家の佐伯孝夫は歌が終るか終らないうちに立ち上り、タクシーに飛び乗ったそうである。ビクター本社に駆けつけたのだった。

「今の歌を聞いたか。これを見逃がして、どうする」と居合せたディレクターの磯部に言って、二人はＮＨＫに向かった。「さっきの歌をレコード化させて欲しい」と頼み込んだのだった。

歌った中村耕造と連絡が取れて契約が成立し、レコード化が実現したという。それから三分後にライバルのコロムビアがＮＨＫに駆けつけたという伝説のような話が残っている。

レコードはあらためて『異国の丘』の題名をつけて、この中村耕造と、当時の人気歌手竹山逸郎との二人の歌手によって完成した。ビクター自慢の出来であった。

しかし、戦災で会社を丸焼けにされ、何もかもを失っていたビクターは貧しくて、宣伝費がない。「どうか、日本中の人に知って欲しい」歌なのに人々に伝える方法がない。

「どうしたものか」と頭を悩ませていた時、宣伝部の小藤が思いついた。もともとのど自慢から生れた歌なのだ。「のど自慢」を使おうと小藤は考えた。

当時、チカちゃんという「のど自慢あらし」がいた。まず彼に歌ってもらった。鐘が三つ鳴った。鐘が鳴るとアナウンサーが質問をする。「今もなお、シベリアで苦しんでいる同胞がいるのですネ」。コメントはいつも同じようだったが、それでも歌は広まって行った。

小藤は毎週鐘三つを鳴らすよう歌のうまい人を集めた。あまりにもその数が多かったので、とうとうＮＨＫ側もビクターの戦略に気がついて、「サクラ部隊」と呼ぶようになったそうだ。『異国の丘』の人気には勝てず見て見ぬふりをしてくれたと言う。

そしていつの間にか『異国の丘』は日本中の人々の愛唱歌となっていた。

そんな折、この曲の作曲者の吉田正がシベリアから帰国した。抑留生活を終えて復員して来た吉田は、自分の作曲した歌が大流行している事にまず驚いた。

しかも世は、『異国の丘』の真の作者さがしにやっきとなっていた。

最初、レコード化する折、のど自慢で歌った中村耕造は「自分が作った」と言ってしまった。ビクターはそれを信じて中村耕造作詞作曲として、レコードのレーベルを作った。

「それは違うだろう」と言い出したのは、日本中に散っていたシベリア帰りの復員兵達だった。ＮＨＫには「我こそは真の作曲家」という自薦、他薦の投書が山のように届いた。しかし、ＮＨＫの作者さがしは中々解決を見なかった。

そんな折の吉田の帰国だった。作曲者として名乗り出た。しかし物証というものがない。判断にとまどっていたＮＨＫに思いがけぬ人が現れた。

八王子に住む角田勘吾という人が、古びた一冊の手帖をＮＨＫ八王子支局に持って来たのだ。そこには『異国の丘』の原曲である『昨日も今日も』の楽譜と作詞作曲吉田正と書かれてあった。

角田はその手帖を日記帖としても使用していたため、思いがけない記録も残されていた。昭和十九年五月二十九日、ノンジャン会館で軍の慰安会が開かれた事も書かれてあった。「吉田上等兵アコーデオン、小生ギター、赤塚歌」と書き記されていた。

角田はその手帖を靴の底に隠して持ち帰ったのだった。

作詞の増田幸治がこの吉田の『昨日も今日も』のメロディーに『異国の丘』を当てはめてこの一曲が誕生した事がようやく知れた。

増田はまだ復員していなかった。が、増田の名は復員兵達の口から特定出来た。ＮＨＫはようやく、作詞増田幸治、作曲吉田正と認定し、ビクターもレーベルを書き直したのだ。

『異国の丘』は確かにメロディーが良い。しかし私はこの歌の詞に強く魅かれた。「増田幸治に会ってみたい」と思い始めていた。増田の話を聞く事がこの歌の後にある風景を知る事になるのではないかと思ったのだ。

ようやく増田の住所を見つけ出し、何回か手紙を出して、話を聞かせて欲しいとお願いした。そして、秋田に住まっている増田に会うために北に向った。平成十年の秋だった。

秋田駅構内の喫茶店が増田との待ち合せ場所だった。周囲は騒々しく、とても落着ける環境ではなかったが、増田の話が聞きたい私には全く問題なかった。

大正十一年に生れた増田は昭和十七年に二十一歳で入隊したのだそうだ。それまでの増田家は昭和十年に一家で満州に移り住んでいた。両親はすでになく、兄弟だけの大陸入りだったと言う。福島から東京、下関に行き、船で釜山に到着。京城、平壌、新義州を経て奉天から新京に入った。

増田の言う事には「その頃の日本人は皆、大陸熱に浮かされていた」そうだ。『若人よ来たれ』などというポスターが日本の町や村に溢れていたので、「若者達は大陸に行けば、仕合せになれる」と簡単に考えていたと言う。

増田は新京商業学校に進学する。この時、中国語科を希望したが人員過剰でロシア語科にまわされた。この時、ロシア語を身につけた事が後の増田の人生に役に立ったり、あらぬ疑いをかけられたりと色々に作用したのだそうだ。

学校を卒業するとハルピンの鶏西炭礦会社に就職した。その頃の満州の日本人は威張っていて、後から考えれば満州の人には気の毒だった。たとえば汽車に乗っていても満員ですわれないと満人の前に行って、「どけ」と言えば、すぐに席を手に入れる事が出来た。日本人の子供が大人の満人をも立たす事が出来たと言う。それよりも、満州の人が長い時間をかけて開墾した土地を銃でおどして取り上げた事はひどかった。

日本からの開拓者達は、安々と新しい土地を手に入れる事が出来たと言う。

敗戦後、それらのツケは全部満人によって返された。筆舌《ひつぜつ》に尽くし難い苦難の中を日本人は引き揚げて行くのだった。満人の恨みは大きく、逃げて行く日本人開拓者に向けられたのだった。

そんな事になるとは夢にも思わず、満州の日本人はしばらしの満ち足りた日々を送っていたのだった。増田も二十歳の兵隊検査がやって来るまで就職先の会社で経理担当となり充実した時をすごしていた。

在満壮丁として兵隊になった増田は幹部候補生となり、軍曹にまでなった。ロシア語が読めるという事は大いに役立ったそうだ。

増田の悪夢は終戦の時から始まる。ソ連軍の満州侵攻により、敗北した日本軍人や民間人が拘束され、銃でおどされながらシベリアへの移送となった。増田は四十日間歩いて海林《ハイリン》に連れて行かれる。どこへ行くのかも知らされなかった。「ダモイトーキョウ」とソ連兵は言った。「東京に帰してやる」という意味だったが、全く逆の方向に連行されていた。

その行程で食料の支給もなく、増田達は持っていたカンパンや畑のいもを取ってしのいだと言う。

増田達が到着したのはアルチョム地区の捕虜収容所だった。レンガ造りの建物があって一〇〇〇名が収容された。後で分った所によれば、シベリアに抑留された人数は二七二万六千人であったそうだ。捕虜収容所は一二〇〇ヶ所だった。収容された日本人は採鉱、採炭、森林伐採、鉄道建設、道路工事などの屋外重労働に従事させられたのだった。

増田達の労働は炭坑での激務であった。労働そのものも辛かったが、疲れ果てて、収容所にもどると点呼が始まる。これは日夕《にっせき》点呼というもので、朝と夕の二回行なわれたそうだ。朝の点呼はどうと言う事はない。夕方、激しい一日の労働を終えて、雪の中を歩いて収容所にたどりついて、やれやれという時から点呼が始まる。当時のソ連の人は九九というものを知らず、千人の日本人を一、二と一人ずつ数える。分らなくなるとまた最初からやり直す。寒さがつのり、疲れた体は悲鳴を上げていた。しかし収容所側にとって、人員の数は重要で、一人でも逃亡者を出してはならないのだった。

そんな日が続くうち、とうとう日本側の隊長が言った。「点呼の間、歌を歌ってもいいですか」と。するとすんなりＯＫが出た。

隊長は「何を歌おうか」と言ってから「勘太郎月夜唄」を歌い出した。まわりの者もあわてて後に続いた。

それからは毎日「影か柳か　勘太郎さんか」と大合唱をして寒さに耐えたのだった。が、ある時「勘太郎さんでは今のオレ達の気持が伝わらない。増田、お前歌を書け」と皆が言った。皆の気持を代弁するつもりで増田は「俘虜《ふりよ》の歌える、異国の丘」を書いた。歌詞は充分に皆の気持を表現していて、皆も気に入った。しかし曲がなかった。知っている歌を総動員したが、みつからない。

そんな時、清水上等兵という男が増田の収容所にやって来た。清水は陸軍病院からやって来たのだ。清水は『昨日も今日も』という歌を示した。

増田の作詞にぴったりだった。「一体どういう人が作った歌なのか」とたずねる増田に清水は吉田正の話をした。大正十年生れの吉田正は日立市に生を受けたが、昭和十二年に始まった日中戦争は拡大し泥沼化していた。音楽の勉強をしていた吉田も二十歳で入隊。大陸に送られる。

その頃、奉天の放送局に作曲家・米山正夫がいた。吉田は自分で作った歌の譜面を送って、見て貰った事がある。米山は吉田の作品の一曲をラジオで流してくれた事もあった。

昭和十八年、大興安嶺突破演習が行なわれた。吉田はこの演習で盲腸炎を発症し陸軍病院に入院して手術を受ける。

お粗末な手術道具でようやく命拾いをした吉田の頭に一つのメロディーが生れた。『昨日も今日も』である。それは吉田自身が故国をはなれて、よるべない身を傷ついて、病院のベッドに横たわる時、自然に生れた歌だった。

「今日も越え行く　山また山
　アオよ辛かろう　切なかろう」

と歌うのだ。作詞も吉田のものだった。

たまたま同じ陸軍病院に入院していた清水上等兵も入院患者と共にこの歌を歌っていた。この清水上等兵が病い癒えて原隊に復帰した所が増田の隊だった。

作詞は出来たが曲がない。作曲家は増田の収容所にはいなかったのだ。「どうしたものか」と増田は頭をかかえていた。

清水の歌う『昨日も今日も』が聞こえて来たのはそんな時だった。作曲家の名も知らず曲の作られた経由も知らず、増田達はこのメロディーをそのまま頂いて、『異国の丘』は完成した。増田が書いた詞の思いと吉田のメロディーが合体して、シベリアの俘虜達をなぐさめる歌となった。

相変らず雪は降り、俘虜達は凍てつく氷の道を歩き、厳しい労働に耐える日々、バタバタと死んで行く仲間達。そんな哀しい身をふるい立たせるために『異国の丘』を歌った。

シベリアの抑留者はどういう訳か、収容所をグルグルと動かされた。新しい収容所に人が動くと、『異国の丘』もついて来た。シベリア帰りの人達は皆歌えるようになっていた。

最初にのど自慢大会で、これを歌った中村耕造のことも増田は知らない。「歌が一人歩きした」と増田は笑った。その上、歌は自分の帰国より吉田の帰国より早く日本でレコード化されていたのだ。

こうして増田の話は終わった。騒々しい喫茶店の雑音の中で、私は今にも雪が降りそうな冷たい冬のくもり空を見ていた。

たった半日の私の秋田への旅であったが、遠いシベリアの空を見た思いでもどって来た。

# 密林に消えた歌手—パプアニューギニア

平成十二年の夏のことだ。私は関西空港からパプアニューギニアに向おうとしていた。この旅に私をさそってくれたのは往年の流行歌手・青葉《あおば》笙子《しょうこ》だった。歌謡史の研究家・斉藤茂の出版記念会の会場で私は初めて青葉笙子に会った。八十二歳だというのにまっ赤なドレスを着た青葉は、会ったばかりの私に言った。

「来週パプアニューギニアに行くの。一緒に行かない?」

目をパチクリさせている私に青葉は、「ニューギニアは敏《びん》さんの死んだ所なの。一生のうち一度は行きたいと思っていたのよ」とうれしそうに言った。

青葉笙子は上原敏《うえはらびん》とコンビで『鴛鴦道中《おしどりどうちゅう》』などをヒットさせていたのだ。その青葉の上原敏への思いは強烈だった。私はそれにつられて「行きます。連れてって」とその場で答えてしまった。

こうして、あわてて旅の仕度をととのえて空港に行って見ると、それは上原敏の生地、秋田の『上原敏をたづねて』というテレビ番組の収録の旅だったのだ。そこには八十三歳になる上原敏の妻・澄子もいた。秋田テレビのクルーは張り切っている。「良い作品にしたいのだ」と盛り上っている。私はちょっとお邪魔虫ではなかったかと身をちぢめて、皆の後について行った。

関西空港でちょっと問題が起きた。青葉笙子が記入欄に芸名の「青葉笙子」と記してしまって、問題が起きたのだ。本名の何とか貞子と書き直して事無きを得た。

パプアニューギニアのポートモレスビーには六時間で到着する。ニューギニアの空はまっ青で太陽がギラギラ照っていた。

「お父さん、来ましたよぉ。澄子が来ましたよ」

と機から下りるといきなり上原の妻が叫んだ。

「あの人、アタマおかしいのよ」と青葉は憎々しげにつぶやいた。「ボケてるのよ」と重ねて言う。

これが女二人のいさかいの始まりだった。次第に分かって来た事だが、上原の妻・澄子と仕事のコンビ青葉笙子は若い頃から犬猿の仲だったのだ。

当時の芸能人は列車の旅などの地方巡業が多く、上原は新婚の家を留守にする事が多かった。「鴛鴦道中」を青葉とコンビで歌ってヒットさせていたので、青葉との旅行が多かった。やきもきしながら、妻は留守を守っていたのだろう。

そして、この時、澄子はその天敵、青葉笙子と同じ旅の空にいたのだ。「うちの主人はよく言ってたのよ。『青葉笙子はうるさい。おれは嫌いだ』ってネ」などと大声で言った。

青葉笙子も黙っていない。「失礼な事言わないで。敏さんと私はコンビを組んで日本中を回っていたのよ」

二人の確執は根強いもので昨日や今日の出来事ではない。二人の女のしこりが長い歳月の中でも消える事なく、ぶすぶすといぶり続けていたらしい。秋田テレビのスタッフは「しまった！」と今頃後悔し始めている。スタッフ達は二手に別れて、澄子側、青葉側とそれぞれ機嫌をとる事に相勤めるのだった。

年寄りの二人はうまい事に午後になると昼寝をする。何故か二人は時間をずらして眠くなるらしかった。

インタビューは起きている方をつかまえて、収録する。天敵がいないので上機嫌に話をしてくれる。

澄子ばあちゃんのインタビューの時だった。

話は昭和十八年の四月のある日から始まった。

その日、上原敏は東京渋谷の映画館「聚楽《じゅらく》」で歌っていた。何故かその日は青葉笙子は別の舞台だった。

『流転』や『裏町人生』『上海だより』と上原は得意の歌を歌っていた。会場は満員で立ち見の客も多かった。娯楽が少なくなった時代の事だ。戦争は長びき、人々は疲弊していた。上原の力強い歌声が限りなく人々をはげますのだった。

やがて休憩時間になった。楽屋に引き上げる上原を待っていたのは、赤子を背負った澄子だった。握りしめて来た紙片を黙って夫に渡した。赤紙である。荻窪の自宅に届いた赤紙を澄子は上の二人の子供を隣家に預け、生れて間もない三番目の子どもを背負って渋谷に駆けつけたのだった。

満員の客の嵐のような拍手に頬を紅潮させて上原は楽屋にもどって、すぐ赤紙を認めた。短い休憩時間はアッという間にすぎた。

観客の前にもどった上原は大きな声でこう言った。それはこれまでの上原とはまるで違った表情だった。

「皆様、聞いて下さい。唯今、お召しがありました。召集令状が参りました。上原は本日を限り、舞台を去り、秋田歩兵部隊の一員として戦場に参ります。お国のために戦って参ります。これまでのご声援まことにありがとうございました。」

会場は割れんばかりの拍手で満ち、なかなか鳴りやまなかった。澄子は楽屋でその音を聞いていた。涙が溢れ出た。

会場の人々も愛する者を戦場に送っている者も多かった。この人気絶頂の歌手が応召されて行くのかと胸が一杯になるのだった。

この日、上原は『男ひとたび』を心をこめて歌った。恐らくこの一曲が東京の最後の歌となるだろう。次に歌うのはどこか戦地の空の下だ。そんな事を上原は思っていた。

その月のうちに上原敏は陸軍二等兵となって秋田歩兵第一一七部

隊補充隊として入隊した。三十五歳であった。一週間後、秋田の大《おお》館《だて》駅を発《た》って行く時、上原は人々の前で『流沙《りゅうさ》の護り』を歌った。「男子度胸は刃がねの味よ。伊達《だて》にゃさげない腰の剣」と上原は歌った。それは戦いに出て行く自分を奮い立たせる歌でもあった。

人混みの中にいた澄子と子ども達もその声を聞いていた。入営して間もなく、この上原の応召が間違いであった事が分かる。上原はこれまで戦地慰問を七回も行って軍部に協力していた。当時、慰問も立派な戦争参加と考えられていて芸能人は兵役を免除されていたのだ。

秋田の役所が上原の本名と芸名の違いに気づかず赤紙を発行してしまった事が間違いのもとになった。

役所は「歌で兵を励ますのも立派なご奉公だ」と上原の召集を反古にしようとした。しかし上原は「皆と征きます」ときっぱり言って戦列をはなれようとはしなかった。自分一人が安全圏に逃れる事をよしとしなかったのだ。

澄子はあの日出立して行った夫の凛々《りり》しい姿を今なお記憶していると言う。長い長い澄子の話はやっと終った。

応召されて、出て行く男達は上原に限らず皆美しかったと澄子はつけ加えた。自分の命を捨てても国を守るのだという気概《きがい》が男達を美しく輝かせていたのだろう。

八十三歳になった澄子はその日のことを「皆、格好良くてホレボレしたものよ」と言った。まさかそれが夫との永遠の別れになるとは思いもよらないのだった。

別の日、青葉笙子は芸能人としての上原敏の話をした。とにかく上原は誠実な人で仕事の手を抜かなかったそうだ。舞台の合い間に上原は、来し方をポツリ〳〵と話したという。

上原敏は秋田県大館の裕福な荒物雑貨商「練屋《ねりや》」の次男坊に生れ

た。小さい頃から音楽が好きだったが、老舗の後とり息子にとっては音楽は道楽でしかない。

その彼が中学時代の先輩の口利きで東京に出る機会を得る。専修大学の野球部に身を置いた上原が、ひょんな事からレコード会社の目にとまり歌手デビューをする。

デビュー曲は『妻恋道中』で大ヒットになった。続いて『流転』『裏町人生』も流行った。もう押しも押されもせぬ流行歌手だった。

生活も安定した所で澄子と世帯を持った。『鴛鴦道中』の企画が上った時、女性歌手とコンビを組ませる事になった。最初に選ばれたのが日本橋喜美代だったが、二人を並ばせて見ると日本橋は背が高すぎた。そこで選ばれたのが青葉笙子だった。上原と青葉は声もよく合って、『鴛鴦道中』は国中をかけまわるヒットとなった。二人の活躍が始った。

「敏さんはやさしい人でネ。地方巡業が多かったから、恋人同志のように言われたものよ」

「楽しかったわぁ。あちこちを旅して、美味しいものを食べてサ。夢のようだったわよ」

青葉は上原との仕事にのめり込むあまり、その頃離婚をしている。青葉も歌の好きな女の子だった。良縁だったが形ばかりの家庭を捨てて、芸能人として生きる道を選んでいた。

「でもサ。本妻には勝てないわよネ」と青葉が嘆くのは、上原の出征もずっと後で知らされたからだ。

「情けなかったわよ。あれだけ息の合ったコンビなのにネ」

青葉笙子は上原の出征を知ると、あの手この手で上原の行動を追跡した。秋田歩兵第一一七部隊はまずフィリピンのセブ島に上陸した。夏の初めの事だ。その頃はまだフィリピンは平穏で上原達は戦闘らしい戦闘もなく日を送った。

秋になってニューブリテン島ラバウルに上陸している。昭和十九年になって上原の所属する第二中隊は門家健次大尉に率いられて東部ニューギニア・ウエワクに移動した。

ニューギニアはまずポルトガル人によって支配され、やがてドイツがやって来て、ニューギニア島北東部を領有する。その後、第一次世界大戦で破れたドイツはニューギニアを手離し、オーストラリアの委任統治の地となった。

南洋統治を志す日本軍はこの地を手に入れたいと考え、大軍を送った。破竹の勢いで南洋に侵出する日本軍は怖い物無しであった。上原達はそこが連合軍側の攻撃の的となるとは知る由もなかった。

その上、日本は兵達を大量に送りながら、食料の補給は充分ではなかった。青葉笙子は上原がニューギニア・ウエワクに送られた事までを知る事が出来た。

「あっちは知るまいよ」と青葉はにんまりしていた。だがこの地が連合軍の猛攻撃に合い、食料もなく、兵達が飢えてバタバタと死んで行った事は知らなかった。

いつまで経っても帰って来ない上原がこの地で落命した事を皆が思い知らされるのは戦後になってからだ。

　さらにその澄子と青葉がパプアニューギニアにやって来たのは上原の死後、五十六年が経っていた。こんなにも長い間、何故二人はこの地を訪ねようとしなかったのだろうか。

　歳月はあまりにすぎていた。ポートモレスビーで国内線の飛行機に乗りかえた私達はラエ、マダンを通ってウエワクに到着した。密林の繁《お》いしげるこの地では、飛行機が唯一の交通手段であると言う。大統領も裸足の子どもも同じ機で運ばれる。

　ウエワクの地に下り立った私達は、まず二人の女性の「敏さん、来たわよぉ」「とうとう来ましたよ。あなた」という大きな声におどろかされた。互いに反目し合っているのに、同じ人を思っている。可愛いとさえ私は思った。

ウエワクは日本軍が追いつめられ多くの生命が散った地である。私達は美しい砂浜を歩いた。さらさらと砂が足にまとわりついた。この砂が日本の兵隊さんの骨で出来ているのだと地元のホテルのオーナーは話してくれた。このオーナーも日本軍の生き残りの兵隊で、戦友の慰霊の目的もあってホテルを経営しているのだった。

秋田テレビのスタッフは松の岬と呼ばれる海岸を慰霊の地と決めた。そこには秋田の第一一七部隊兵站病院があったのだと言う。

上原敏はこの病院で何回も演奏会を開いていたそうだ。昭和十九年三月七日、病院の一周年記念を祝して、上原の演奏会が開かれた。もはや伴奏も司会もない。裸電球の下で往年のトップスターは歌った。自分の持ち歌を歌い尽くした上原は、最後に『椰子の実』を歌ったそうだ。海岸に浮いている椰子の実を兵達は見ていた。この椰子の実となって、故国に帰りたいと願う思いは皆共通だったのだ。

上原達が歩いた通り、私達のマイクロバスは走った。「アイタベ集合」の命令を受けて上原達は行軍して行くのだが、ブーツ飛行場まで行くと敵の大軍が集結していた。とても手が出せるものではないと判断され、上原達は折角来た道を引き返す事になった。「折角、ここまで来たのに」と上原達の思いは空しかった。飢えと猛烈な暑さが上原達の体力を厳しくむしばんでいた事だろう。

来た道をすごすごと歩いていた時だった。すれ違いにアイタベに向う一群の兵があった。通りすぎる時、一人の少年飛行士が上原の姿を認めた。上原を追いかけて来て、その少年は上原にチョコレートを差し出した。

自分の手に強引にチョコレートを押しつける少年を見つめていた上原はハラハラと涙をこぼしたそうだ。少年は生きて帰って、この話を『上原敏の会』で話した。

この少年に限らず、上原は有名人であったから、上原の足どりは克明に記憶されていた。「おれも見た」「おれも上原の歌を聞いた」とウエワクでの上原の行動は語りつがれた。

松の岬での上原をしのぶ慰霊祭は秋田テレビの目玉シーンである。砂の上に上原敏の遺影が飾られ、好きだったという日本酒やチョコレートが並んだ。

慰霊祭の幕あきは青葉笙子の『流転』独唱から始った。

「どうせ一度はあの世とやらに　落ちて流れて行く身じゃないか」

八十二歳の青葉笙子は伴奏もなしに、美事な声で歌った。

「敏さん、聞いたかい」青葉は空に向ってよびかけた。「敏さんの持ち歌の『流転』だよ」

澄子の短い夫へのメッセージがあった。秋田テレビは美しい海辺の風景と共に二人の老女の心を上手に表現した。帰国後、夜のテレビで全国的にこの番組は放映された。

慰霊祭を終えた私達はマイクロバスに乗せられて、山の奥へと上って行った。頂上と思しき丘でマイクロバスは止まった。前方はうっそうとした密林である。

兵達はこの丘を十国峠と呼んでいたと言う。私達はそこでもう一度お線香をたいた。上原敏の足どりはここで消える。密林の奥に消えて行ったのだ。

その密林の奥を私達はのぞき見した。今でさえ切り開かれていないうす暗いジャングルが続いていた。

私達がたいた線香の煙がそのジャングルに向って流れ混んで行った。「敏さあん」「あなたあ」と叫んでいた二人の老女がその頃には手をつなぎ合って泣いていた。

あれほど反目し合っていた事がうそのようだった。

左から上原敏夫人、一人おいて青葉笙子、その隣、著者。

# 母ちゃんの背中―ラブアン島

その時、私はラブアン島にいた。ラブアン島はボルネオ本島の脇についているホクロのような小さな島だった。ブルネオ湾に浮ぶこの小さな島は神奈川県の小田原市と同じ位の面積しかない。今はマレーシアの一部になっている。

その日はこのラブアン島でボルネオ戦没者慰霊祭が行なわれる予定だった。これはこの地での戦いで苦難して、無事に帰国した松橋政之氏が主となって、個人の力で続けて来られたものである。

私はその松橋氏と知り合いになった事から、この年の慰霊祭に参加させて頂いたのだ。朝からこの南の島は燃えるような太陽に照らされ、輝いていた。

慰霊祭の祭壇がしつらえられた島の突端の地には日米両国の戦没慰霊塔が立っていた。連合軍将兵の墓標が先に出来た。戦没者四千名の名前が全部書かれた墓標であった。それに対して日本軍のものはたった一本の慰霊塔であった。どちらも同じ南の太陽に照らされていた。

慰霊祭の祭壇はその二つの慰霊碑の間にしつらえられていた。昭和二十年の激戦の日から七十余年、年月は黙々と流れ、全てが遠い物語になってしまった。

変らないのはこの地で戦い、沢山の戦友を亡くした松橋氏らの哀しみだけだった。

慰霊祭は形通りに始まった。参列者は皆頭を下げ深い思いに落ちていた。

その時だった。私の二、三列前に立っていた人がバタンと前方に倒れたのだ。周囲は騒然となった。

倒れたのは高齢の女性だった。皆彼女にかけよった。その人は苦しそうにうずくまってうめいていた。「どうしたんだ」「どうされましたか」と周囲の者は口々に言ってかけよった。

するとその女性はうめくような声で「背中に、私の背中に沢山の血みどろの人がのしかかっているんです。重くて、苦しくて息もつけない」と言った。

参列者の中にいた領事夫人が近づいて、うずくまっている人の肩に手を置き、静かに般若心経をとなえ始めた。その声はしみ入るようなやさしい声だったので居並ぶ者も皆、胸を打たれた。

中腰のまま、お経を終えた領事夫人は「南の島の慰霊祭ではよくあることです」と静かに話された。倒れた人は苦しそうな息をしながらも少し落着いたようだった。

高齢のこの女性の背中に乗ったのはこの地で命を落した兵隊さんの霊であったことを私は初めて知った。

「無念のまま、この南の島で命を落した兵達の霊が日本語につられて現われ、この方の背に乗られたのでしょう」

霊達はこの人の背中に乗って日本に帰りたがったのだという事にやっと私も気がついた。

でも、何で私の背中ではなかったのか。この人の背を選んだのか。分からなかった。

松橋氏は中断されてしまった慰霊祭が残念で仕方がないのだろう。「冗談じゃない。あのババアのせいだ」「あのバアさんでたらめを言ってるんだ」といつまでもぼやいていた。

思いがけない日本兵達の亡霊の出現で慰霊祭は中断され、そのまま閉会となった。

「それにしても、何でこんなバアさんの背中にのしかかったのか。訳が分らん」

相変わらずブツブツ言いながら松橋氏は祭壇を片づけていた。皆にささえられて、そのバアさんは苦し気な息をしながら、ホテルに帰って行った。彼女が去った後も、大地は強い太陽に照らされていた。七十年前のあの日と同じだった。

昭和二十年六月十九日、五千人の兵を率《ひき》いて連合軍が上陸して来る。むかえ討つのはボルネオ本島を転戦した末に、この島にたどりついた奥山七郎少佐の率いる独立歩兵第三七一大隊だった。ラブアン島は連合軍側にも日本軍にとっても重要な地点であった。

先にこの島を占領した日本軍は何としても死守しなければならなかったのだ。連合軍は上陸を敢行する前に猛烈な空爆をくり返していた。日本軍が築いた建物はほとんど焼き払われ、兵達は塹壕《ざんごう》に追い込まれて行った。

　ところが敵軍は空港にだけは爆弾ひとつも落とさなかった。「何故だろう」日本兵達は口々に言った。米軍がラブアン島を手に入れたかったのはこの空港の存在があったからだ。

　米軍の目論見は、この島を占領した後、空港を利用する事だった。そのためには無傷で空港を残さねばならなかった。

　その事に気づくと、日本軍は自らの手で、大切な空港を破壊する事に決定した。それは涙をのんでの決断だった。

　太平洋戦争が始った時、日本軍は破竹の勢いで南方に進出した。ボルネオの地はもとはイギリスが支配する所だった。昭和十六年、日本軍は真珠湾攻撃の勢いをかって、ボルネオ島のイギリス領を支配する。

　それまで西欧列強に支配されていた南洋の人々は同じアジア人である日本の進攻を大歓迎でむかえたのだった。日本側も植民地化されたアジアの民を救うのだという『大東亜共栄圏』をスローガンとして南洋諸島を手中におさめて行った。

特にボルネオの石油は何としても手に入れたいものだった。南方のゴムの木も手に入れたかった。

もともと、太平洋戦争の発端は、列強の石油供給のストップによるものだった。ボルネオを手中におさめた日本はこの地を死守したいと考えた。

ラブアン島に空港を作る計画が持ち上がった。空港建設は兵ばかりでなく、現地に在住していた民間人も狩り出されて、行なわれた。昭和十七年九月、空港は完成した。その開場式に出席する事になったのが、加賀百万石・前田家の末裔である前田中将だった。

前田中将はサラワク州都クチンからラブアン島に向って飛行機で出発したが、機の故障による墜落事故で、ビンツル沖合で死亡してしまう。

前田中将は人格者でボルネオの人々にまで愛された人物だったそうだ。各地に今も「マエダロード」などの名が残るという。ラブアン島もその後、前田島と呼ばれるようになった。それほどまでの思いのこもった空港が泣く泣く自分達の手で壊されたのだ。

そんな悲しい事がある前、まだ奥山少佐率いる独立歩兵第三七一大隊はボルネオ本島にいた。兵達はサンダカンに転進命令を受け、密林を行軍する。胸までつかるような湿地帯を進むうち、マラリアに倒れる兵が隊から取り残された。松橋氏もこの頃、足を痛めた事から大隊とはぐれ、一人ぼっちで泥沼をヨタヨタと進んでいたそうだ。

一人になってしまった松橋氏はとにかく飢えに苦しんでいたという。その時だった。松橋氏は木々の奥に物音を聞いた。「敵か」と銃をかまえ、思わず発砲してしまった。

なんとバタンと倒れたのはオランウータンだったそうだ。とにかく空腹に苦しんでいた彼は、死んだオランウータンの肉をはぎとって食したのだそうだ。

そのオランウータンの死体を肩にかついでさらに歩き続けたのだ。そのうち、その肉を火であぶって食べる事に気づいた。「とにかくまずいものだったよ」と松橋氏はオランウータンの味を思い出して言う。

そんなある日、松橋氏は密林でオランウータンを焼いていた時だった。その肉の匂いにつられて、ひょっこりと一人の落伍兵が現れた。その男も飢えていた。むさぼるように食べたのだった。

この日から松橋氏はその男と行動を共にするようになる。二人の果てしない彷徨の始まりだった。途中幾人もの日本兵の遺体を見た。それは爆撃されたものではなく、ほとんどが飢えによる死だったそうだ。

二人は苦難の果てにようやくサンダカンに到着した。そこに本隊がいる筈だった。が、逆転進の命令を受けて、本隊はサンダカンを後にしていた。ラブアン島に向かっていたのだ。

取り残された松橋氏達はそのまま、その地でマラリアに倒れ、死を待つばかりの体を泥沼の中に横たえていた。その後、米軍に発見され、二人は捕虜収容所に収監されて、戦後を迎えた。その事が二人の生還する幸運をまねいたのだった。

一方、独立歩兵第三七一大隊の編成時の兵の数は九六〇名だった。大隊はラブアン島に攻め込んで来る連合軍をむかえ打つべく投入されたのだった。

ジェニングス大佐率いる五千余名の連合軍の兵が上陸したのは昭和二十年五月二十日のことだった。

その日から約一ヶ月、この小さな島は激戦の地となり死闘が続いた。六月二十一日の朝、奥山大隊長の戦死により、戦いは終った。「死ぬまで戦え」と命じられた兵隊はほとんど死に絶えたが、それでも百名の兵が残されていた。

戦友の死を看取った後に残された兵達は、やすやす降参する訳には行かなかった。生き残った軍曹は生存者に向かって言った。

「我々は敵の司令部幕舎に斬込みを決行す。斬り込んで玉砕するのみだ。他に生き方はない」

部下の富山はその命令をじっと聞いていた。この時、軍曹は兵達にパイナップルの缶詰を支給した。

富山は軍隊手帖の余白に短い文章を残した。

「明日の晩、大隊が斬込むと敵はこの本部に侵入して来る。その時がおれの最期だ。そう考えながら、おれはパインの汁を吸った。幼い頃の母の乳房をおれは思い起こしていた。」

富山の軍隊手帖はホコリにまみれ、戦後のラブアン島で見つけられたのだった。

鉄と血と煙に覆われた十四日間は終わった。勇敢《ゆうかん》にも敵幕舎に斬り込んだ日本兵は敵将校ら十一名を殺害した。その後、敵戦車隊に包囲され、日本兵は全員射殺された。一、二名の命ながらえた者も手榴弾で自爆して果てた。

戦いの止んだ島は気味悪いほど静かだった。この時、意外なことに敵将兵は不思議な感慨に打たれていたのだそうだ。連合軍側の記録にこんな文章が残されている。

「それが生命を超えた使命の死であるからだ。勇気に満ち満ちた死であったからだ。国家権力と戦場に倒れた兵士を結びつけて、その悲惨を語ることは易しい。しかし、あの時の日本兵の純粋さは感動以外の何ものでもない。」

身を捨てて、国に命をささげた兵達の哀しいまでに美しい最期であった。

その時の兵達があのおばあさんの背に乗ったのだろうか。

翌朝も彼女はまだ青い顔をしていた。

「でも大分楽になりました」

帰りの飛行機も彼女と一緒だった。たまたま私の席は彼女の二、三列後だった。私は何気なく彼女の背中を見ていた。それでやっと気がついたのだ。彼女の背は年相応に丸くなっていた。

たとえばどこかの田舎の家の縁側で、母がすわって、豆の選り分けをしている。縁側には日がいっぱい差していて、そのぬくもりの中に母がすわっている。母にとってはホッとするような時間だろう。そんな時、少年は学校から駆けて帰って来る。「かあちゃあん」とその背中にかじりつきたかったけど、がまんした。「オレは兄ちゃんなんだから」と母の背中を弟にゆずる。

南の島で戦って、南の島で果てたそんな男達は何年もそこで眠っていた。ある日、日本人の一団を見た。その中に懐かしい母の背中をみつけたのだ。

今日こそ、「母ちゃん」と後から抱きつこう。誰に遠慮もいらないのだ。男がその人の背にかじりつくと、次から次へ、兵たちが彼女の背に乗った。

懐かしい母の背中は丸くて暖かった。

青い顔して兵達の重さに耐えた彼女が、今、飛行機を下りて、人混みの中を歩いている。空港の柔かい日差しが、歩いて行く彼女の丸い背に当っていた。

その背に哀しい兵達の思いを乗せたまま、彼女は帰って行った。

# トンカラン小学校—ダバオ

山合いの小さな小学校だった。フィリピン・ダバオの丘陵に小さな村落があり、小学校には三百七十一人の裸足の子ども達がいた。私達がジプニーというフィリピン独特の乗物に乗って、ここに着いた時、子ども達は手造りの日の丸をふって、歓迎してくれた。

遠い昔、この小学校で学んだという五人の男達はここに下り立っただけでもう泣いていた。その男達は大きな箱を抱えていた。

トンカラン小学校の先生達は愛想良く、私達を迎え、差し出されたお土産の大きな箱を受け取った。それは先生達がリクエストしたタイプライターだった。

かつてこの地で学んだ人達はトンカラン会というものを作り、当時を偲んでいるのだが、高価な贈物はこの会の会員からのものであった。会員達が訪れる度に柱時計などを持参しているのだそうだ。

トンカラン会はあわせて、全ての子ども達にと三百七十一本のボールペンを差し出した。先生はボールペンの束を受け取ると「サンキュー」と笑った。

男達の一人がその時、「ノーノー」と言った。先生に渡してしまっては子ども達の手には渡らないかも知れない。

私達は手分けして、生徒達の一人ひとりに一本づつボールペンを配った。目を輝かせて、それを受け取ると、彼等は脱兎のごとく、走り始めた。「一体何が起ったのか」。不審がる私達に先生達は「うれしくて、親に見せに行ったんです」と説明した。

その頃、フィリピンではボールペンは日本円にして七十円位。米は一キロ九十円だった。子ども達にとってボールペンは大変な宝物だったのだ。子ども達は皆裸足で、貧しく、雨のふる日は傘なしで来る子が沢山いるのだそうだ。それなら「タイプライターより皆で使える置き傘のプレゼントの方がよかったのでは」などと私はよけいな事を思っていた。

良く分らないけど、時々こうして訪ねて来てプレゼントをくれる日本人を子ども達は精一杯の笑顔で迎えた。何も知らない私もまた、そのなぞを解いて見た。

話は遠い昔にさかのぼる。

明治政府が新しい時代を築き始めた頃のことだ。日本は貧しく人々は苦しんでいた。その状況を打開するため、政府は移民政策を取った。

ある時、フィリピンのベンケット道路工事の依頼があった。三千人の日本人労働者が海を渡ったのは明治三十四年のことだった。それから四年の歳月を経てベンケット道路は完成するが、半数の日本人が病いに倒れ、帰らぬ人となっていた。生き残った男達も国を出る時、夢見たほどの報酬も得られず、帰りの船賃に窮する者さえあった。

その帰るに帰れぬ男達をダバオに誘《いざな》った者がいた。ダバオで麻畑を開く事で彼等の新しい活路を見い出す事が出来る。そう考えた太田恭三郎は「一緒にもう一苦労して見よう」と皆を口説いた。

太田の情熱に動かされ、何回にも分けて日本の男達はダバオに渡った。この時ダバオ行きを決行したのは三百五十人だった。

その頃のダバオは大木の生い茂る密林で、荒野を切り開く事から始めなければならなかった。当面の生活を立てるため、まずすでに麻園を完成させていたアメリカ人やフィリピン人の畑で使用人として働いた。

明治三十九年、太田はバコボ族から原野を買い取り、開墾許可をもらって日本人を入植させた。他人の畑で働いていた日本人が麻畑を広げて、少しずつ自分の土地にして行った。

当初は野宿をしていた男達がやがて自分の家を持てるようになった。太田は太田ガイシャを作り、男達は収穫の一割を会社におさめた。九割は自分の物である。

家が建ち並ぶとそこは一つの集落となる。

最初に出来たのはミンタルだった。本願寺や天理教会が出来て心の支えとなってくれる。太田ガイシャももちろんミンタルにある。

ミンタルはタロモ川に沿って出来た村落だから、完成した麻製品を港に運ぶのに川を通して運んだ。

また、ダバオの日本人達の悩みの種は〝食〟があった。太田は早くからその事に気づいていた。日本から醤油、味噌、ラッキョウ、梅干しなどを取りよせて提供した。

ミンタルは医療や娯楽の施設も出来て繁栄した。働き者の日本人はアッという間に原野を麻畑に変え、土地持ちの自営の麻農家になったのだが、そんな日本人に不安を感じたフィリピン政府は「外国人は土地を所有出来ない」という法律を作ってしまった。

折角、開墾した土地を自分の物にする事が出来ないという問題を解決するために、男達は土地の女性バコボ族と結婚し、妻の名義で土地を入手するという方法を取った。

男達ばかりの日本人社会にとって、結婚は重大なテーマだった。日本からの「呼びよせ婚」「写真婚」などという方法で、単身花嫁が海を渡って来たりした。

一方、麻産業は驚くほどの好景気を迎えた。麻の需要は多く、船舶をとめるための〝とも綱〟として世界中から求められていた。

ダバオの町々は豊かになった。日本人は洋風の家を建て、洋装を身にまとった。そんな姿を写真に撮って、日本の我が家に送った。

自分達の成功を本国の人々に見て貰うことこそ、移民達の願いだった。そして、その写真はそのまま、麻の好景気を知らせる事になった。日本の若者達が海を渡ってやって来るようになる。トンカラン地区もこのようにして生れ繁栄して行った。

そんな麻業者の日本人にとって次の問題は、子ども達の教育だった。経済的余裕のある者は母親が子どもを連れて日本に行き就学させるという方法を取った。そんな事は出来ない家庭の子どもは教育の場がない。村落が就学年齢の子どもでいっぱいになると、どうしても学校が必要になった。

ミンタルには早くから学校があった。近隣の子ども達は親から離れて、寄宿して学校に入った。トンカランの人々も早くから学校開設を計画していたが、なかなか実現しない。

昭和八年、トンカラン小学校は完成した。ラナン校、バンカス校と同じ年に生れた、子どもを持つ親達は金銭や土地を提供して、学校を作り上げたのだ。言って見れば、親達の血と汗の結晶の学校だった。それだけに思い入れも強く、子ども達の学校への愛着も並ではない。

私が同行させて頂いたトンカラン小学校の元在校生達は感無量の面持ちで立ち尽している。トンカラン小学校はこの人達が八歳とか九歳という年齢で戦争に巻き込まれ、家族を失った頃、校舎を焼失し、その後、フィリピンの地元の子ども達のために再建されたのだと言う。

当時のおもかげはほとんどないというもののこの地、この場所に立てば昔と同じ風が吹くという。古ぼけたタンクが校庭のすみにあった。「これ、昔のままだよ」と誰かが言った。タンクは今も使われているらしかった。

思い出の校庭を後にして、元少年達は、昔住んでいた家を見に行くという。私も彼等の後を追った。小学校のすぐ後が宮下の家で、昔のままの家が残っていて、現在も使われていた。宮下は興奮してビデオカメラを廻し続けた。来られなかった姉に見せたいのだと言う。

玄関にまわるとボールペンを持った子どもが父親らしい人と話していた。私達一行の姿を不思議そうに見ていた。

宮下の家の後は七十町歩の麻畑があったそうだが、今は荒野になっている。

長沢の家はそこからしばらく進んだ所だった。今は跡形もなく広々した田畑になっていた。

その畑地のまん中に一本の道が通っていた。麻の製品を運ぶ道であったのだろう。

麻産業に従事し、努力を重ねた日本人はついに二万人になった。街も出来た。学校も出来た。ダバオはその時、仕合せな小さな国となっていた。そんな日々がいつまでも続くかと思われていたのだが、昭和十六年太平洋戦争は勃発した。

その年の十二月八日もダバオの空は晴れ上っていたそうだ。突然のことだった。ダバオに住んでいた日本人は一斉に拘束されてしまった。何が起ったのか、一体何事かといぶかしんだ。突然、日本人一万七千人が各施設に収容され、監禁されたのだ。難をまぬがれたのは現地人の日本人妻と混血の子ども達だった。

当時、フィリピンは米国の支配下にあったのだから、日本軍のハワイ真珠湾の奇襲攻撃はそのまま、外地の日本人の立場を危ないものとしたのだ。

収容されて十三日目、日本人達は解放された。日本軍は破竹の勢いで、すぐに敵前上陸を敢行したのだ。「首邑ダバオを占領せり」と日本の新聞は高らかに報じた。

その時の快挙が「ダバオへ」という文章になって、国定教科書の題材となった。「万歳万歳」と叫びながら閉じ込められていた日本人が飛び出して来た…と教科書は伝える。

解放された人々が日本軍にどんなに感謝した事か。「強い日本の兵隊さん」はダバオの子ども達までも崇拝する事になった。

こうしてダバオの日本人は自分の耕地、自分の家庭にもどって行った。開戦当初の日本軍は優勢であったから、しばらく平穏な日々が続いた。

しかし、日本軍はやがて、ダバオの日本人に麻の生産を中止し、食料の生産に切りかえるよう要求した。ダバオを南洋に送られる兵士達の食料提供地としようと考えたのだ。苦心して育てた麻畑はつぶされ、米や麦が植えつけられた。作物は軍が買い取ってくれて、軍票で支払ってくれていた。日本の勝利を信ずるダバオの日本人達は疑うことなく、軍票を受け取った。敗戦時には紙くずとなってしまうとは夢にも思わないのだった。

戦局が日本に思わしくなく敗戦に向って行く時も、ダバオの日本人達は惜しむ事なく戦争に協力した。そんな折、本国の大臣が来て、ダバオの人々に謝辞をのべると、もう感激でいっぱいだった。ダバオの日本人達が一番欲しかったのは本国での評価だったのだ。だから、追いつめられた日本軍が「タモガンに集結せよ」と命じて来た時、疑うことなく従ってしまったのだ。

タモガン集結命令の軍のもくろみは、民間人が持参するであろう食料を取り上げる事であった。その上、長期戦になればタモガンの荒地を開墾させて糧食を生産させる事も計画されていた。

そんな事とは夢にも思わず、軍と行動を共にすれば安心と考え、各家庭が一家で命令に従った。

冷静に考えて見れば、米国の空軍は日本軍をねらって来る。軍と行動を共にする事が一番危険だったのだ。あえて、命令に逆らって独自の道を選んだ古屋一家などは全員、無事だった。

トンカランの長沢、宮下の家族は「軍部の命令に逆らう」ことなど考えられないと、タモガンに向かい、一家全滅となった。この二つの家では辛うじて、八歳と九歳の少年、つまりトンカラン会の二人が生きのびて、親や兄弟の供養をする事が出来たのだ。

もう一人、岡本静という当時十歳の少女も生き残って、ダバオを訪れている。静は「日本軍は鬼だった」と言った。

静の家族はマテに住んでいて、祖父が商店を開き、百貨店にまで成長していたそうだ。

十二人の家族がタモガンの地で死にたえた。中には家族の米を奪うため、日本軍に殺された者もいたのだと言う。

タモガンの地を皆で訪れた時、長沢は失われた九人の家族のために九個の石を集めていた。

しかし、これは成田空港で取り上げられてしまった。この地で命を落とした家族達のために「ただただ祈る事しか出来ないのだ」と長沢は肩を落とした。

トンカラン小学校を後にして、私達がジプシーの客となった頃、大きな夕日が学校の後に見えた。

ダバオに築いた夢の名残りのようにトンカランの夕日はいつまでも輝いていた。

# 松本行き

「戦後五十年」とマスコミが盛り上ったのは平成七年の事だった。

そんなある朝、私は新聞の片すみの見出しに釘づけになった。

「元日本兵、『償い』の旅―戦争直後、フィリピンで人肉食べた―」

記事には実名は出ていなかったが、文章を読んで、思い当る人がいた。相野田先生だ。

私の脳裏に上品な老紳士の顔が写った。戦中、追いつめられた日本の兵隊が戦死した友の亡骸を食べたという記録は沢山ある。

決して、公にはしたくない過去である。自ら、それを告白するなんて、あり得ない事だ。

いつも寡黙で静かに笑っている相野田先生のどこにこんな激しい情熱があったのだろうか。調べて見ると、先生は新聞社に告白した訳ではない事が分かった。

彼は自分の思いを『死の陰の谷を行くときも―戦争と戦犯・平和と償い』という自著にまとめていた。新聞社はこの本からセンセーショナルな記事を書いたのだった。

私が相野田啓を知ったのは『学徒動員、出陣の会』という所だった。かつて、学生であって戦争に協力した人達の会だった。この会が独特だったのは女子の動員生も沢山いた事だ。食料学校の女子学生が男子の学生と共にカラフトまで行って、食事の世話をしたのだそうだ。

この会の竹田いそ子が私をさそってくれた。相野田氏はひかえ目で静かな人物だったが、フィリピンで死刑囚として、とらわれていたのに、生還したという彼の歴史が周囲の人々の心をとらえていた。

竹田いそ子も食料学校の学生だったが、戦地に出陣する学生に食事を提供するために行動を共にしたのだという。

そんな訳で相野田氏とは面識があったので「ぜひお目にかかりたい」と手紙を書いた。すぐに快いお返事を頂き、私は彼の住む長野県松本に出かけて行った。

松本駅近くの「相野田病院」が先生のお住まいだった。

私はただ、いつものやじ馬根性で、先生の体験された事を伺いたいと思っていた。先生の戦争とはどんなものだったろうか。

私は松本城を遠くにのぞみながら、相野田家に急いだ。先生のお話は素晴らしかった。一回の訪問では聞き切れなかった。私の松本行きは度重って行った。

所が私の訪問を喜ばない人がいた。相野田夫人重子さんだった。

「あなたが見えると、必ず夫はウツになるので困ります」との事だった。

先生は静かに、過ぎし日の話をして下さるだけなのだ。私はどんな失礼をしたのだろうか。

先生の奥さんは言われた。

「世の中の人は無神経なんです。人肉を食べたという記事から『お味は如何でしたか』などと質問をする外国人記者もいたのです」

そんな興味本位な質問者がいるのか。そして私はそんな人と同じだと思われていたのか、と哀しくなった。

しかし、先生は私の事を分かって下さった。一つひとつ、かみしめるように過ぎて来た事を話して下さった。

相野田啓は大正六年、松本市で生れた。昭和十年、松本中学校を卒業して、昭和十八年、慶応義塾大学医学部を卒業する。軍医となったのはその年の冬の事だった。

新米の医学生をさえ、戦争は見のがしにはしなかった。医者となってくれる若者が必要だったのだ。すでに太平洋戦争は深刻化していたが、表面は「勝った。勝った」の大本営発表に踊らされ、日本の勝利を信ずる者が多かった。

この時代の若者は国のため、天皇のために命を捨てる事を当然のように考えていた。

相野田も実はもっと医学の道を学びたかったのだが、そんな希望は押し殺すしかなかった。短期軍医研修という道を選ばざるを得なかった。わずか二年の研修で相野田は軍医中尉任官となって戦地に送られた。二十七歳であった。

学生時代はボート部で活躍していた彼がにわか軍医として、いきなりフィリピンの戦場に送られたのだった。

ミンダナオ島、カガヤン・デ・オロ市から約十キロ東のアグサンという小集落が彼の駐屯地となった。その集落のことを相野田は懐かしそうに語った。

人口数千人の小さな集落だったが、村長が教養のある文化人で、英語も話せる人だった。当然村の人達も彼を好いていたそうだ。アグサンに駐屯した日本軍はこの村長のおかげで食料調達などもスムースに運んでいた。

しかし当の村長は「米軍が勝ったら自分はゲリラに殺される」と心配していたそうだ。

すでに昭和十九年十月、米軍はまずレイテ島に上陸し、猛攻撃を開始していた。それに呼応するように反日ゲリラの数は増大していた。日本軍にとって、決して楽観出来る状態ではなかったのだが、「日本軍は負けない」とマインドコントロールされていた相野田達は村長の心配を笑いとばしていたと言う。

やがて、米軍はカガヤン湾を覆いつくすように大挙して、進攻して来た。相野田達二百八十名の日本兵はゲリラ地区を迂回して山中に逃げ込んだ。逃避行の始まりだった。

しかし二百八十名の兵に対して、持参した食料や武器はあまりにも少なかった。一方ゲリラに対しては米軍は惜し気もなく、空から食料補給を行った。武器弾薬も補給される。

とても太刀打ち出来ず、ゲリラからも逃げなければならない。それでも誰も「日本は必らず勝つ」と信じていたと言う。

「あらためて、マインドコントロールというものはすごいものだと思います」と相野田はためいきをついた。親日家だった村長の運命がどうなったかは知る由もなかった。

相野田達はこうして、山中をさまよう落武者となって行った。頼りの通信機もすでにバッテリーがなくなっていた。最後に得た情報は沖縄戦についてだった。マッカーサー元帥の艦隊はすでにフィリピン攻略を完遂し、台湾を通りすごして沖縄沖に迫っているというニュースだった。

とすれば、比島には米軍はいなくなっているのだ。それでは相野田達は誰と戦っているのか、彼等が必死で戦っていた相手は比島ゲリラ軍と果てしない飢えだった。

すでに食料もなく、先住民の残した焼畑農業の地でカモテカホイというういもを見つけて食べた。野ネズミも食べた。

全員が慢性の栄養失調症でユウレイのように山中を歩いていた。精神を病む者もふえ、敵の前に出て行ってしまったり、仲間同士が殺し合いを始めたり、まさに地獄であったと言う。弱った者、高齢の者からバタバタと倒れ死んで行ったが、遺体はどこにも残されていなかった。戦友の亡きがらも仲間の食料になってしまったのだった。

「もう人間ではなかったんですよ」

と相野田はそんな日の事を述懐する。理性などとうの昔に失っていた。

そんな風にさまよう相野田達がある日、ヒガオノン族の住む楽園にたどりついた。楽園の人々はのどかに暮らしていただけなのに、相野田達はゲリラの出現と勘違いして、彼等に向けて、銃を放った。四十数名の婦人や子どもを殺害してしまったのだ。その上、この罪もない婦女子の死体を食べてしまったのだ。

この事が相野田の一生の重荷となって、苦しい自責をくり返すのだという。人間が人間を食うなどという行為は決して許される事ではなく、罪の心に苦しめられるのだった。

そんな事のある少し前、米軍は空からビラをまき「戦争は終わった。一日も早く投降しなさい」と日本語でメッセージが伝えられていた。戦争は一年半前に終っていたのだ。

そんなビラを見ても誰一人、それを信ずる者はいなかった。敵側のデマだと思い込んで、無視する事にした。

後に相野田は「あの時、ビラの忠告に従っていれば、ヒガオノン族をおそうような悲劇はなかったのに」とくり返し悔やむ事になったと言う。それは相野田自身の事ばかりでなく、一緒に行動した仲間達のためにも悔やまないではいられなかったのだ。

先の見えない一年半が過ぎた。自分達は一体何をやってるんだろう。山中を逃げまわって、飢えと戦って人肉まで食べた。

「食べるために殺したと思われても仕方がない。宿営地に残って食べた者も何の肉かは知っていた。極限状態の中で、人格も善悪の区別も失ってしまっていたのだ」

と、深いためいきと共に相野田は言った。

それから相野田達は深い谷に下りて、新しい宿営地を作ろうとしていた。その時だった。比島軍中尉の指揮する三十名ほどのパトロール隊がやって来た。

残存する日本軍に降伏をよびかける山狩りだった。それでもまだ相野田達は素直に彼らの勧告に従う訳にはいかなかった。パトロール隊の中には二人の日本人の通訳もふくまれていた。

日本人の口から日本語で「一年半前に戦争は終わったこと。天皇陛下は安泰《あんたい》であること」などの説明があった。それでもにわかには納得が行かない。長い時間がかかった。そして、ようやく全員が投降の決意をしたのだった。

考えて見れば降伏が遅れたばかりに二百五十二名を失い、残る二十八名も投降の後、フィリピン軍の捕虜になり、死刑、無期懲役の重罪に問われる事になったのだ。平時とも知らず現地人を殺傷し、あろうことかその人肉を食ってしまったのだ。

悔いは果てる事はなく、苦しみは相野田を重くして行った。マライバライの留置所で相野田は和文の聖書を与えられ、ようやく生きる力を取りもどしたと言う。

その後、イリガン市で洗礼を受けてクリスチャンになった。

やがて、百五十名の日本人戦犯と共にモンテンルパ刑務所に収監される。死刑囚としてモンテンルパ刑務所で暮らす日々は、決して安楽なものではなかったが、相野田は自分を苦しめる方が楽だったと言う。

自分が苦しむ事で罪が消えるとは思わないが、何故かつぐないの役に立つのではないかと思っていたそうだ。山中をさまよう妖怪のように生きた日々を思うと刑務所は天国だった。趣味のスケッチや水彩画、前からやりたいと思っていたスペイン語の勉強などに時間を費やし退屈を知らなかった。

死刑執行の呼び出しに、皆おびえていたが、相野田は泰然として恐れなかった。それでやっと罪をつぐなえる。クリスチャンになってからはその思いは一層強くなっていた。

けれど、昭和二十六年、突然十四人の死刑執行が行なわれてしまったのだ。残された百五十人ほどの受刑者達は大きな衝撃を受けた。

昭和二十六年と言えば、一月にダレス講和特使が来日、九月にはサンフランシスコ平和条約、日米安全保障条約が調印された年である。翌二十七年四月、いよいよ平和条約発効となる。長かった占領時代も終ろうとしていた矢先である。

相野田は、比国が何故この時、処刑を行なったのか分かるような気がしていたそうだ。比国は日本軍によって多大な迷惑をこうむった。その賠償金は八十億ドルと巨額なものとなっていた。しかし日本は他の国々にも賠償金を支払わなければならない。しかも日本は戦争で何もかもをなくし、貧乏のまっ最中である。比国の要求する賠償金を支払う事が出来ない。モンテンルパの戦犯達の命は比国側の交渉の材料とされていたのだった。

一方、戦後の日本は貧しいながら平和な日々を取りもどし、自由を満喫していた。南の比国で百人もの兵が明日への命も保障されない刑務所暮らしをしている事について、考えもしなければ思いを致す事もなかった。

教悔師としてやって来た加賀尾という僧の考えで「皆で歌を作ろう」という事になった。作詞者も作曲者も死刑囚だった。

皆の心を集約した歌が出来た。『あぁモンテンルパの夜は更けて』だった。気骨の歌手渡辺はま子が歌って、これが日本で大ヒットとなった。

「まだそんな可哀想な人達がいるのか」と日本の人々が気づいてくれた。モンテンルパをテーマにした映画も四本出来た。

この曲がキリノ大統領の心を動かし、突然の「全員釈放」の大英断が下されたのだった。

こうして、モンテンルパの戦犯は全員帰国。無期刑者はそのまま解放、死刑囚は巣鴨プリズンに送還される事になった。

釈放される際、一つの条件が比国側から言い渡された。

「貴方達の再入国を許しません」というものだった。つまり二度と比国に来てはならないという条件だった。

「頼まれても来ないよ。こんなに苦しめられた比国なんて…」と誰もが思っていた。

しかし、帰国後、一番早く比国を訪ねたいと願ったのは相野田だった。彼はヒガオノン族の人々につぐないをしなければならないと考えていた。

モンテンルパ刑務所から解放され懐かしい故国に帰る事は出来たが、死刑囚達はそのまま巣鴨プリズンに収監された。

巣鴨での生活は気楽なもので、出入りも自由だった。相野田は一番気になっていた医学の遅れを取りもどすべく慶應義塾大学医学部に入学し直し巣鴨プリズンから通学した。

三十六歳の学生だった。おまけに相野田はモンテンルパで文通を重ねて、帰国船で始めて出会った重子と結婚式を挙げた。戦犯達は皆、遅れに遅れていた青春を取りもどしたのだそうだ。

長い囚人としての生活では「いかに死ぬか」が課題であったが、

今やっと「いかに生きるか」がテーマとなった。

松本に「相野田病院」を建て、戦後の生活を取りもどした相野田は平穏な日々をすごした後、長男に病院をゆずった時から彼の償いの旅は始まった。

ミンダナオ島のブキノドン州ヒガオノン集落が彼の行き先だった。持ち切れないほどの薬を運び、無料で診察を続けているのだった。

責められるのを覚悟の上のヒガオノン行きだったが、地元の人々は相野田の医療奉仕を喜んでくれた。それればかりではなく地元の人の解決出来ない生活上の問題も手伝い、喜ばれているという。

償いの旅はすでに十回を越しているのだそうだ。

「おわびの旅ですよ」と相野田は静かに笑った。そして、それでもあの時の事を思うと苦しくて、夜中に悲鳴を上げるのだそうだ。

私はそんな相野田を見ていて、本当の戦後補償がここにあると思った。私はそのようにして、相野田の話が聞きたくて、松本行きを重ねた。重子夫人には嫌われていると思ったがおかまいなしだ。

ある日、相野田が「一緒にフィリピンに行こう」とさそってくれた。うれしかった。ぜひヒガオノン村を見てみたいと思った。「ご一緒させて下さい」と約束していた。

しかし、相野田啓は私に全てを話し終わるとその人生を終えてしまった。私の松本行きも終わった。

# 『ブンガワンソロ』が聞こえる

　昭和十七年三月一日、日本軍はジャワ島に上陸、わずか一週間の戦闘でオランダ軍を倒し、ジャワ島は日本のものになった。
　三百年もの長い間オランダに支配されていたインドネシアの人々は日本軍の到来を大歓迎でむかえたのだった。オランダの圧政に苦しんでいる時、「空から黄色い人が来て、救ってくれる」という言葉が人々の間に流布していた。
　落下傘で、当地に下り立った日本軍の姿を救世主と考えてしまったのだった。

陸軍の航空機関兵としてジャワに下り立った平野光男は地元の人々に気持良く迎え入れられ、オランダ兵が逃げ去った後の宿舎に入ったのだそうだ。

そこで平野らは驚いたと言う。どの室にも個人用のラジオがあり、生活用品が豊かに揃っているのに目を見はったのだった。

平野が思いかけず手に入れたラジオからある時、美しい歌が流れて来た。『ブンガワンソロ』である。

気をつけて耳をすますと、この曲はあちこちから聞こえて来る。町の演歌師も若者達の集団も必らずこの曲を演奏する。

平野達もすぐにこの曲が好きになった。

「生きて故国に帰れるとは思わない。忘れがたいのはふるさとである。」

ブンガワンソロにはそのふるさとがこめられている、と平野達は思ったそうだ。

ブンガワンとはインドネシア語で川という意味。「ブンガワン・ソロ」とは「ソロ川」のことだった。

平野達はこんなに美しい曲を作った人に会ってみたいと考えた。作者はすぐに分かった。

グサン・マルトハルトノという小柄な若者だった。

グサンは一九一七年にソロで生れた。歌のうまい少年と人に言われ、自分でも歌を作りまわりの人に提供した。

特別な教育を受けた事はないのに、彼を取りまく自然の中から豊かなメロディーをみつけ出し、曲にした。ソロ川の渕に立って、耳に届くメロディーをいくつもの作品とした。

町に出ては、それらの曲を自ら歌い、人々に提供した。グサンの曲がラジオから流れる事もあった。それでも音楽で生きて行くのはむずかしい事だった。レストランや町角で歌って、小銭を貰って細々と暮らしていたそうだ。

平野はグサンをみつけ出した。平野ばかりでなく、日本兵は『ブンガワンソロ』のファンだった。

その頃、日本で流行っていたのは古関裕而作曲の『愛国の花』だった。『愛国の花』は日本軍上陸と同時にインドネシアに渡って来た。インドネシアの人々はすぐにこの曲が好きになって、日本語で歌って楽しんでいた。

『ブンガワンソロ』も日本人達によってインドネシア語で歌われた。その頃、歌手の藤山一郎らがジャワに慰問公演にやって来た。『ブンガワンソロ』は藤山の手で日本に持ち帰られ、日本語訳がつけられて、日本国内でも歌われるようになる。

日本に輸入される際、藤山一郎作曲という勘違いまで生じたが、高校の音楽の教科書にはインドネシア民謡として、掲載された。私もこの曲はインドネシア民謡と思い込んでいた。

平成六年のことだ。「元祖ブンガワンソロ来日」という新聞の文字を見た。新聞社に連絡を取り、チケットを入手して会場にかけつけた。グサン・マルトハルトノはこの時、七十七歳だった。小柄な老人に見えたが、張りのある美しい声は安定していた。

「自分は生涯に沢山の曲を作ったのに、何故かこれだけがもてはやされる」と少々不満そうだった。

後で分かった事だが、戦後、平野達はブンガワンソロの作者をさがそうと立ち上ったのだ。グサンはその時、ソロの町はずれの小さなレストランで相変らず歌っていたそうだ。

平野達は何回もジャワに足を運んで、ついにグサンを見つけ出したのだった。「ブンガワンソロ基金」というものを作ると日本中から平野にお金が送られて来た。

グサン来日はこうして実現したのだった。平成六年のこの夜、グサンの歌『ハンケチ』や『赤い橋』などに続いて、インドネシアの美空ひばりと言われるクロッチョンの女王ワルジーナの歌に続いて、グサンの姪のムニンの歌もあった。

最後の最後に、グサンの歌う『ブンガワンソロ』の時間となった。歌詞カードが配られたが、何とインドネシア語である。私はお手上げである。驚いた事には会場のほとんどの人がインドネシア語で歌っているのだ。会場の人々は涙を流し、足を踏みならし、グサンの声がやっと聞こえる程の大合唱となった。

この夜、私は平野光男に面会を申し込んだ。近々、グサンの誕生日を祝うため、皆でジャワに向うのだとその時、聞きつけた。

「私も連れて行って下さい」

図々しくも初対面の平野に私は頼み込んでいた。

平野は私の参加を快く許してくれた。さあついにブンガワンソロ、ソロ川を見る事が出来るのだ。私は張り切って、生れて初めてのインドネシアに旅立った。二十人ほどの平野のグループの人達と一緒だった。

成田空港から数時間、旅の始めはジャワ島のジョクジャカルタだった。その夜はこの町のホテルに泊る事になった。そのホテルにインドネシアのリニー母娘がやって来た。グループの神山洋子の知り合いであると言う。

私達は日本料理店、「天プラ花」に席を移した。朝方、日本を出たばかりの私達には日本料理はそれほどありがたいものではなかったが、インドネシア側の心遣いとありがたく受けとめた。食後、突然、リニー夫人が日本の古い歌『愛国の花』を歌い出した。夫人は全く日本語が話せなかったのに、歌は見事な日本語であった。「何故?」とたずねる私達に「さあ」と夫人は笑った。

後に大統領になるスカルノも戦争中から『愛国の花』を愛唱し、日本語で歌ったり、インドネシア語にして歌ったりしたそうだ。『愛国の花』は日本が戦争を遂行して行くために必要な女達の銃後の心がまえを歌ったものだった。

「ま白き富士の気高さを心の強い糧として」と歌うこの歌は古関裕而の美しいメロディーを得て、女性達の愛唱歌となっていた。インドネシアに渡った『愛国の花』はリニー夫人達が少女であった頃、この歌に魅了され、皆で歌ったというのだ。

女達に銃後の覚悟を押しつける歌であったのにインドネシアに渡って女学生達の心をとらえていたのだった。

戦争が終って五十年も経っているのに、この老女の心に残る日本の歌、正確にその歌を歌う姿に私は胸を熱くしていた。

翌日、ついに私達はソロの町に入り、私はソロ川の渕に立っていた。美しい川だったが、特別に変った所はない。

「これが夢に見たソロ川なのか」

意外な事に少し失望さえしていた。

特別な川なんて、あるものではない。それを見て育った人々にとって、忘れられない川となる。グサンにとって、ソロ川は心の川であり、一時も忘れられない川となっていたのだろう。その心が故郷をはなれた日本兵達の胸を打ち、この歌を生きる支えとしたのだと私はようやく気づいた。

泥を浮かべて、静かに流れる川はどこにでもあるような普通の川であった。そんなソロ川を私はいつまでも見つめていた。

その夜、ソロの町のホテルのプールサイドでグサンの七十八歳の誕生パーティが開かれた。主役のグサンはひっそりと人混みの中にいて、呼び出されると遠慮深く、マイクの前に立ち、『ブンガワンソロ』を歌った。

ソロの町で聞く『ブンガワンソロ』は特別なものだった。歌った後、グサンは平野達への感謝の言葉をゆっくりと語った。

平野達の『ブンガワンソロ基金』はソロの町に『グサン公園』を作っていた。グサンは故郷の町に自分の名を冠した公園が出来ることを心から喜んでいた。何よりの褒美《ほうび》だと喜んだ。

二つの国の人々の心をとらえた偉大な曲を作った男、小柄な老人であるグサンという男が夜空いっぱいに『ブンガワンソロ』を歌い上げた。

ソロ川の流れる音が彼の歌のうしろで聞こえていた。南の国の夜はまぶしいほど美しくて、星達が祭のように光っていた。

そんな贅沢《ぜいたく》な夜が静かに過ぎて行った。『ブンガワンソロ』を訪ねる私の旅も終った。帰国して間もなく、平野光男の喪にふれた。

ブンガワンソロの旅から二十六年も経ったのだ。おそらく、グサンももうこの世の人ではあるまい。

戦争に翻弄された人々がいて、一つの歌があった。二つの国の人々の心をとらえた歌はそれを作った人々や、それを守ろうとした人々の亡き後も生き続けるのだろう。

私は『ブンガワンソロ』を訪ねた豪華な旅のことを今も忘れない。

# 葛《かっ》根《こん》廟《びょう》事件

「ノモンハン事件の後をたずねる旅」の帰路だった。恐ろしいほど荒大な草原、ノモンハンを旅して、バスは興安を過ぎて、葛根廟を目指していた。

始めにジンギス汗廟《かんびょう》の前を通った。昭和十九年に完成したというこの廟は実に立派だった。当時の日本軍が、蒙古《もうこ》の英雄ジンギスカンをたたえる廟を建立する事で、地元の人々の心を掌握しようとしたのだそうだ。

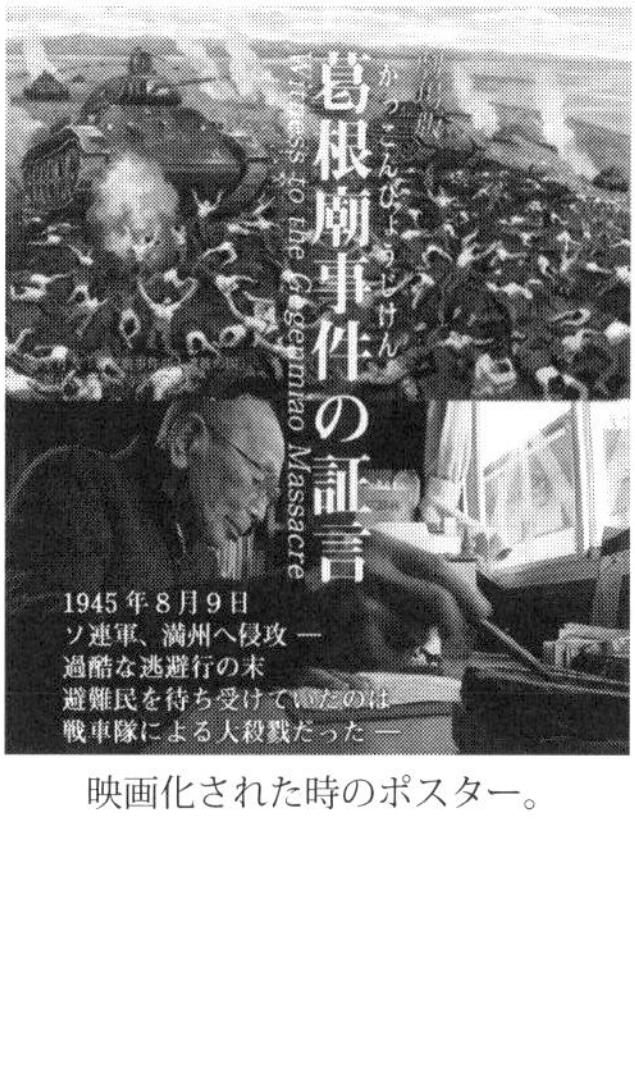


映画化された時のポスター。

やがてバスは葛根廟の前に出た。ラマ教のこの寺院も似たような成り立ちであったのか。これも立派なものだった。しかし、どちらもバスを止める事はなく、何故かバスの窓からの見学だった。

この時、近くにすわっていた大西という男性が「葛根廟事件を知ってますか」と話しかけて来た。私は全く知らないと答えた。

この時、大西さんは終戦時、日本人の避難民がいきなりこの地でソ連軍の襲撃に会い、千人余の人々が命を落したという話をしてくれた。「その襲撃の地を見たいんです」と言って、バスの運転手にぐるぐる廻らせたが、その地は特定出来なかった。

大西さんはあきらめたようだった。そしてその襲撃に会いながらも命ながらえ、帰国した人の話をしてくれた。当時小学校四年生の少年だった大島満吉という方が目黒のお寺で、この時の犠牲者を追悼する命日会を続けているのだそうだ。八月十四日十一時、襲撃の始まった時刻に関係者が黙祷をささげるのだという。

「私もそこに伺えるでしょうか」と大西さんに聞いて見た。大西さんが頼んでくれると約束して下さった。八月がめぐって来るのを心待ちにして、目黒の五百羅漢寺に向かった。

初めてお目にかかった大島満吉氏は小柄ながら、体中に情熱を秘めた男性であった。

「葛根廟事件の事が知りたい」とせっかちに言う私に、彼はまず言った。

「この事件があまり世間に知られていないのは、生存者が少なかった事、生存者が語れない厳しい集団自決があったことによるでしょう」

それにしても千人もの避難民が一ぺんに襲撃され命を落した例は聞いた事がない。犠牲者は婦女子ばかりだったという。

十一歳の少年、大島満吉の見た戦争は何だったのだろうか。

その後も大島さんをつかまえては強引に話を聞いた。大島さんは今、八十五歳。精力的に早稲田大学や京都大学に呼ばれてこの事件の話をしておられる。学生達は涙を流して彼の話を聞くそうだ。教科書や書物で「戦争」のことは聞かされて来たが、実体験者の大島さんの話に、「戦争」の実体を知らされ、学生達は泣くのだそうだ。

私も大島さんから聞く事の出来た、それを書いておきたいと思う。

昭和二十年、終戦の日を迎えるまで、興安《こうあん》街は美しい町だったそうだ。満州国政府は蒙古族の多いこの地区を統合して、新しい町、興安を作った。そこは住みやすい理想郷であったそうだ。

大島家の場合、父親がこの町で建築業を営み、成功していた。単身満州に渡り、基盤を築いた父は昭和十三年に一家を呼びよせた。満吉は四歳だった。

新しい町には日本人がどんどんやって来る。家はいくらでも必要だった。大島の父・肇は、満語も出来るインテリだった。一家は何一つ不足のない豊かな暮らしを営んでいた。

興安街には国民学校、軍の学校、興安学院と三つの学校もあった。満吉少年はこの街で仕合せな子ども時代を送っていた。冬はスケート、夏は魚釣り、友達も沢山いた。可愛いがっていた犬もいた。小さかったこの犬にチビと名をつけたのだがチビはぐんぐん大きくなって、名前にそぐわない大犬になっていた。

昭和二十年八月九日、ソ連が突然、日本に宣戦布告する日までは、そんな夢のような世界がここにあった。ソ連軍の空爆が始ったのは八月十一日早朝であった。昨日までの平安は一気に破れ、人々は不安にかりたてられる。

隣組からの避難命令が出たのはそんな時だった。

「街中の日本人は直ちに避難せよ。集合地はウランホトだ。荷物はリュックだけ。ウランホトに行けば馬車がある。集合時間は午後七時だ。遅れるな、急げ」

そんな伝令が大声で流れた。

大島の家でも大騒ぎで出立の仕度をする。リヤカーに持てるだけの荷を積んだ。一家は両親と満吉の兄、弟、妹の四人の子、それと愛犬チビだった。

チビを連れて行く事に反対する家族はいなかった。満吉はチビの綱を引いた。その時、誰も二度とこの家にもどって来ないとは思っていなかった。あくまでも一時的な避難で、またもどって来るのだと思っていた。

子ども達はランドセルにお弁当などつめて貰って、遠足にでも行くようにはしゃいでいた。それでも、いざ家を離れる時になると離れがたく、住みなれた家をながめ、この家で過ごした幸福だった日々を思い、胸をいっぱいにするのだった。

そんな訳でどこの家でも出立は遅れた。大島家は手早く仕事をすませ、家を出た。この時、満吉の父と兄は町の役員の仕事のために家族と離れた。

妹を背負った母と満吉と弟だけが集合場所に急いだ。満吉はチビを引きながらリヤカーも引いた。弟が後を押す。集合場所のウランホトに到着する。

浅野隊がウランホトに着いたのは深夜の十一時頃だった。避難は大巾に遅れていた。浅野隊長はここから葛根廟駅に出て、白城子から列車で避難させるという計画を立てていた。

この時、避難民のほとんどが婦女子と老人であった。成年男子は根こそぎ召集されて、どこの家も不在だった。

葛根廟駅をめざして、避難民が立ち上ったのは十三日夕刻であった。

それまでに大島家ではチビの姿を見失ったり、リヤカーも手が離れてしまって紛失してしまう。この日は午後から雨が本降りとなり、避難民はぬれねずみとなっていた。それでも皆は必死で前を目指した。ぬかるみを進むうち、誰もが泥人形のようになった。

ただただ前に進む。

十四日、快晴で夜のあけるのを待って、一行は再び進み始めた。事件が発生したのはこの日、正午近くであった。「この坂を越せば葛根廟だ」という所まで来た。一行はこの時、一二〇〇名から一三〇〇名にふくれ上っていたそうだ。

ソ連軍の戦車隊は突然現れ、襲撃を開始したのだ。

浅野隊長はとっさに白い布をあげて、「射つな！　俺たちは避難民だぁ！」と叫んだ時、射たれた。

行列の後を歩いていた者からバタバタと倒れた。幼な子が泣き出す。大人は「助けて、助けて」と叫んでいる。そんな声をかき消すように、戦車は人々をなぎ倒しながら前に進んで来る。

大島一家は最前方を歩いていたので、最初何がおこったのか分らず、とにかく逃げる事を考えた。幸い、近くに壕をみつけ、一家で逃げ込んだ。壕の中は避難民ですでにいっぱいだった。

襲撃の音ははげしく止まる事がない。当時後方にいて、生き残った人の証言によれば、戦車で避難民をひき殺した後、ソ連兵は戦車を止めて、銃を片手に下りて来て、逃げまどう女や子どもを撃ちまくったと言う。

後方を歩いていた九歳だったK子は壕を見つけ、母親と一緒に逃げ込んだそうだ。壕の中は死体でいっぱいだった上、生き残った親は我が子を殺して、自分も死のうとしていた。

周囲は死体だらけになったと言う。その時ソ連兵が機関銃をかまえて、入って来た。動く者から殺している。K子は死体の間にはさまれて、じっと動かなかった。ソ連兵は、動くものがなくなると、壕を去ろうとした。その時、K子はそっと首を上げて見た。

銃をかまえたソ連兵と目が合ってしまった。「もうダメだ！」と観念した時、兵はK子に目をつぶって見せた。「死んだふりをしておけ」と教えてくれて兵は立ち去った。

前方にいた大島一家も無傷ではおれなかった。ソ連兵の襲撃が一時間位で終ると、残された者の間に自決が始まったのだ。親は幼い我が子の首をしめた。そして自分も後を追う。

とても母子で生き抜ける状態とは思えなかったのだ。襲撃の嵐がおさまると、当たりはシーンと沈まりかえる。そこへ指揮官がやって来た。

四十人ほどの女と子どもが残された。浅野隊長も殺された。

「もう、君等を指揮する事は出来ない。以後は自由行動で避難するように」と、指揮官は言った。ついでに「歩けない者、体力に自信のない者はここで自決するように」「足手まどいの小さな子どもは親が始末せよ」

そんな非情な通告をした後、指揮官は「親が殺せない子どもはここに並べ。自決幇助《じけつほうじょ》をする」と言った。

小学生達が先を争って、自決幇助の列に並んだ。やがて、自分も死ぬのだと、満吉の覚悟はとっくに出来ていた。

その時、母は背にいた妹の美津子を下ろして自分の前にすわらせた。近くにいた傷ついた軍人の軍刀を借りて、一気に美津子の首を刺した。美津子は声も上げずにあっけなく死んだ。苦しむ事なく、静かな死であった。満吉は死というものがこんなにもあっけないものかと驚いていた。

どこの家族でも同じ事が行なわれていた。タオルで子どもを絞殺する親が多かった。泣いて、逃げる子どももいた。

満吉は指揮官に殺される列に並んで順番を待った。彼の前には校長先生の娘の蓉子ちゃんが三人の弟妹を連れて並んでいた。蓉子ちゃんの両親はすでに死んでいたのだった。

満吉達はまるでおやつを貰う列のように指揮官に殺されるのを待っていた。「殺されたくない」「生きていたい」と満吉は思っていた。しかし「親の負担になるのだから、自分は死ななければならないのだ」とも思っていた。

満吉まであと十五人目位だった。指揮官は子どもを殺す事に疲れてしまって、三人ともへたり込んでしまった。泣き声も上げず、おとなしく殺されて行く子ども達がいじらしくて、さすがの指揮官達も疲れて、横になってしまった。

その事が満吉の命を救ったのだった。自決幇助の仕事は打ち切りとなった。

校長先生の娘の蓉子ちゃん姉弟も助かった。その後、残留孤児となって、戦後を生きた事を満吉は後に知らされた。

死なずに済んだ満吉を母は黙ってだきしめた。そして「美津子の所に行かなくては」ともう一度、軍刀を借りて、自分ののどを切ろうとした。その時、その在郷軍人が「奥さん、早まってはいけない」と母を押しとどめてくれたのだった。

母が自決を思いとどまったのはこの人の一言のおかげであった

し、別れ別れになった夫に会って美津子の事を話さなければならないと思ったからだ。

見渡せば壕の外には死体が累々と横たわっている。生き残った満吉達もこの後、どうすれば良いのか分からなかった。

「とにかく、父さんと兄さんに会えれば」と、満吉は弟の手を引いて、父と兄をさがして歩いたが見つからない。絶望していた時だ。ひょっこり父と兄が壕をのぞいてくれたのだ。「生きていたのか」「生きていたなんて」無事を喜び合った。

「さあ、これで家族は揃った。日本に帰ろう」父は明るく言うが、母は動かない。「美津子をこの手で殺したのだ。私もここで死ぬ」と母は言い張る。

そんな母を父は必死で説得して、ようやく翌日、家族はここを立ち去る事にした。

「とにかく新京まで行く。そこで帰国の情報も分かるだろう」と父は言った。

「家族だけの避難行だ。人家には近づかない事」などの注意があった。

一家が東南に向かって歩を進める時、満吉は草原の中で千人ものの死体を見た。その後、満州人によって遺体の衣服や持ち物は全て奪われ、裸の遺体となったそうだ。

一家はもう後を振り返らない。明日に向かって一歩でも先へと旅を急いだ。父と母がいてくれる事で満吉達は安心であった。

それでも何回か危機はあった。父の背にいた六歳の弟の帽子が亡くなったのだ。まず兄がさがしに行った。行ったきりなかなか帰らないので母が兄をさがしに行く。母も帰って来ない。父は弟と満吉を残して、二人をさがしに行ったが、これもなかなかもどらない。帽子一つのために一家はバラ〳〵になってしまうのか。

ようやく父だけがもどった。満吉達は親切な満州人に助けられ、一夜の宿も借りる事が出来た。母と兄も馬車に乗せてもらって帰ってきた。一家はやっと一緒になれた。

新京までの旅は苦難に満ちていたが、とにかくたどりついた。ここで生きて行くために物売りや物乞いもした。大変な毎日だったがとにかく一家が揃っていた事が何よりの幸いだった。

父が病いに倒れた日もあった。母が出産するが死産だった。悪夢のような日々が続いた。それでも満吉達が頑張れたのは、あの地獄の葛根廟を生き抜いた者として、故国に事件を伝えねばならないと考えていたからだった。

生きて、故国にたどりつこう。たどりついて、戦争の悲惨さを伝えるのだ。それが大島一家の思いだった。

ようやく、帰還の知らせが届いたのは昭和二十一年六月の事だった。満足に学校にも行けなかったが、満吉は五年生になっていた。異郷で苦労した事が少年を大きく成長させていた。

多くの満州からの引揚者と同じように、コロ島に集結され、しばらくここに留まってから日本へと送られる。

船が出る時、大声で泣き出した女の人がいた。満州に渡り、若き日の夢も希望を何かもかも捧げて来たのだ。今それらの全てをなくして、無一文になって日本に帰るのだ。誰もが泣きたいのだった。

それでも船は博多に着き、暖かな故国の風に迎えられる。日本での戦後の暮らしも厳しいものであった。

三十一年が経った昭和五十一年、満吉の父・肇は念願だった命日会を始めた。目黒の五百羅漢寺で、毎年八月十四日十一時、葛根廟事件の起きた時刻に集った者が冥福を祈るのだった。

これが私の知り得た葛根廟事件の全てである。命日会は今は大島満吉の力によって運営されている。私のようなヨソ者まで混じって、あの日に命を落した人々の心安らかなれと祈るのだ。

# 夕日の満州

そこは満州、ハルピン郊外の大地であった。ごく当り前の畑地の端にそこだけ土をむき出しにした一角があった。何の変哲もない野っぱらである。秋の始めの大陸の風が吹きぬけて行く。

日本から来た六十人余りの者がこの地に立ってこうべを垂れている。平成十一年九月のことだった。「礎《いしづえ》会第二次訪中」の旅に入れて頂いた私は、その昔、満蒙開拓青少年義勇軍であった人々、六十名に混じって、ハルピンのその地に立っていた。

茨城県内原にある渡満道路の桜並木。

かつて、戦争に敗れ、大陸に置きざりにされた人々が難民となり、収容所暮らしを余儀なくされていた。青少年義勇軍の少年達もここで難民の人々を助けつつ生きていたそうだ。

飢えと寒さと発疹チフスが難民達を襲い、幼い子どもや老人がバタバタと死んで行く。働き盛りの若者や大人達も命を落とした。墓地として与えられたこの名もない土地に大きな穴が掘られ、遺体は次々投げ込まれたのだった。ついには三千人の遺体がこの地に埋められたのだそうだ。

義勇軍の人達が、「ここだ。ここだ」と言わなければ全く分らない。墓石もなければ、墓碑銘もない。

無念のまま、この地に倒れ、生命を落とした人々のために、慰霊の時が始まった。礎会会長の「慰霊のことば」から始まった。日本から持参した日本酒やごはん、漬物、菓子などが土の上に並べられた。般若心経が唱えられる。

「土中の沢山の生命よ、どうぞ安らかにおねむり下さい」と祈るばかりだった。また風が吹いた。ふとまわりを見ると、地元の人々が円を作って立っている。そして異国からやって来て意味の分らぬセレモニーをくりひろげる様子をいぶかしい気にながめていた。

土の下の人々はどんな思いで同胞の訪れを聞いているのだろうか。故国に帰れなかった無念を抱えたまま、ここにねむる人々に私は涙を流していた。

並べられたお供え品が片づけられる。お菓子は集った子供達に配られた。子ども達は歓声をあげて喜んでいる。ふと振り返ると大きな夕日が大地を輝かせていた。私は「これが有名な満州の夕日か」とあらためて感動していた。

満蒙開拓青少年義勇軍の存在を私が知ったのは十年前。東京新聞で『戦争と歌の記憶』という連載をしていた時のことだ。一人の男性から「『義勇軍の歌』を取り上げて欲しい」という便りが届いたのだ。

義勇軍の存在は少しは分かっていたが、歌があったなんて、まるで知らない。だから書けない。と正直にお返事すると、その人は私に山のような資料を送ってくれた。その時から私の中で、義勇軍の少年達が生き始めた。

昭和十二年のことだ。「満蒙開拓青少年義勇軍編成に関する建白書」というものが帝国議会で提出され、難なく通過する。

日本は満州国を建国し、新しい道を開こうとしていた。他人の国に勝手に国を作っちゃうなんて、その事自体失礼な事だ。が、経済の行きづまる中、農村の二男三男の活路を見い出すためにも満州建国は日本の生命線と言われた。政府は満州国という新しい国に日本人を沢山移住させる事を計画した。家族ぐるみの開拓移民や、一つの村を半分に分けて半分を移民として送り出したりしたが、移住計画は思うように進まなかった。

そんな時に思いついたのが、少年達の移住計画だった。貧しい農村の小学校を出たばかりの少年達を満州に送るという計画である。

成績が優秀なのに中学校に進めない子ども達は満州に行って試験を受ければ、国内の中学校と同じレベルの 嚮導《きょうどう》訓練所という所に入学出来て、大学までも進めるのだと聞かされ、飛び立つ思いで満州行きを決めた。

それは右手に鍬《くわ》、左手に銃を持たされて、荒野の開拓と有事には兵士となって戦うことを約束させられての出立であった。出立の前、少年達は茨城県内原に集められ二ケ月の訓練を受けなければならない。

日本中から集められた少年達は内原駅に着いた。年間一万余の少年達は内原の訓練を終わると、訓練所から内原駅への渡満道路と呼ばれた道を行進して行く。道の両側には桜の若木が植えられ、ほんの少し花をつけていた。

所長の加藤完治は国会に青少年義勇軍の建白書を出した人である。内原での加藤は田舎のおじさんのようにやさしくて、暖くて、少年達の心をわしづかみにしたそうだ。

わずか十二歳で親元をはなれて心細そうにやって来た少年達に「体を大事にしなさいよ」「友達と仲良くしなさいよ」「晴れた日にはフトンを干しなさい」などと語りかけた。

おしっこをもらしてしまうほど幼い少年もいたのだ。加藤完治の暖かい言葉に心やすらいだと言う。後に日本敗北の末、大陸に残され、言い表わせないほどの苦労した少年達だが、今もなお加藤を悪く言う者はない。「加藤が少年達をだましたのだ」との批判が戦後、広まるが、当人達は誰一人加藤を悪く言わないのだった。

内原での苦しい二ケ月の訓練を終わって、少年達は満州に渡って行く。当初、彼等が送られた地は文字通りの荒野であった。僻地に連れて来られた少年達は、苛酷な環境の中で文字通り開拓の労働に使われる事になった。

郷導訓練所の募集が始った時、ようやく光が差した。ハルピンの訓練所に行ける。そこでは労働ばかりではなく学問も教えてもらえるのだ。飛び立つ思いで応募したが、試験は簡単ではなかった。

まず開拓訓練所内の試験に通らなくてはならない。そこで選出された者だけがハルピンの郷導訓練所に行って、また試験を受ける。

私に青少年義勇軍の資料を送ってくれた人、青木邦良も見事にその試験を通過した人だった。そしてまた、「礎会第二次訪中」というこの旅も、ハルピンの礎という地にあった郷導訓練所で学んだ少年達の思い出の旅だった。

つまり、私がさそわれたのは満蒙開拓義勇軍の中のエリート達の会だった。彼等も年老いて、戦中戦後の苦難をこえて生きて来た。落ち着いて見ると、あの礎での日々の何となつかしい事。そこで礎会というものが生れたのだそうだ。国内での礎会は各地方で開催され、旧交を暖め合って来た。

彼等が企画した訪中に私が入れて頂いたのである。この地で命を落とし、生きて帰る事の出来なかった友人達や、難民となってこの地で没した人々への慰霊から旅は始まる。

その死の渕から生きて帰った礎会の人々は少年であった時を思うのだろうか。皆無口で胸をいっぱいにしているようだ。旅は当然のように礎の地に向かう。

そこには今は中国人が運営する研究所があった。ごく当り前の研究所の事務所の建物だったが、その前に立つと六十名の男達は皆、泣き出した。「ここだよ。ここで学んだんだよ」「あの日さえ来なければ、ここから大学までも進めたものよ」。あの日とは昭和二十年八月九日、早暁、ソビエトが宣戦布告して、ソ満国境を越えて攻め込んで来た日のことだ。

礎の地で学んだ少年達も次々、兵隊となって、ソ満国境の防衛のために駆り出されていた。最初に私に連絡をくれた青木は第一期生だったから、一人前の兵士として、前線に立たされていた。それは「右手に鍬、左手に銃」を持って、満州に来た少年達の当然の運命だったのだ。

とにもかくにも懐かしい礎の地に立って、かつての少年達はいつまでも動こうとしない。「この辺に職員室があった。」「ここらが我々の教室」「そして、この辺が宿舎だったよ」と口々に言って、周辺を歩きまわる。それぞれの思いの中で少年の日をすごした礎の地が今、よみがえっているのだと私は思っていた。

思い出の礎での時も終り、一行は瀋陽《しんよう》（奉天）に向かった。その時、ガイドの中国人の青年が巧みな日本語で、こう言った。

「皆さん、悪い日に来ましたね」

九月十九日のどこが悪いのか私には分からなかった。

昭和六年九月十八日、奉天郊外、柳条湖で満州鉄道が爆破され、それは関東軍の謀略計画であったのだが、中国軍のしわざと偽り、攻撃を開始。これが満州事変の発端となった。

十五年戦争と呼ばれるのはこの日が始まりだった。

柳条湖近くには立派な「九・一八記念館」が完成していた。記念館オープンの一八日には政府の高官たちも来て、盛大な式典が行われたと言う。

日本人としては心苦しいのだが、私達はその出来たばかりの記念館に入る事になった。

記念館でまず目を引くのは模型の小さな鉄道だった。小さな汽車がやって来る。柳条湖近くまで来た時、爆発音と共に列車は転覆する。実によく出来た模型だった。

館内の子ども達にはその模型が面白いのだろう。模型の前のボタンを何回も押していた。ピーポーと列車がやって来る。バアーンと爆発。その様子を見る私達は耐えられない。満州国を建国したいばかりに中国東北侵略の手段として、柳条湖事件は計画された。それを私達はいたたまらない思いで見せつけられた。しかもやって来たのが事件の翌日であったのだ。「悪い日に来ましたネ」と言ったガイドの言葉に身も縮む。

苦しめられた側の国の者は決してこの日を忘れない。苦しめた方の国民は「一体何の日？」とのんきなものだ。爆発の模型の音が悲しくひびき、申し訳なさに身をひるませるのだった。

記念館を進むと、「満蒙開拓青少年義勇軍」の室があった。青少年達も侵略の手先であったと言うのだ。

ついに元青少年達は声を上げて泣き出した。「辛いよぉ」「困るよぉ」「やめてくれよ」と口々に叫んでいる。

「この人達は被害者なのか、加害者なのか」それとも「満州国建国というロマンに踊らされた犠牲者なのか」

私も彼等と共に泣きたかった。記念館の最後の室に一つの像が置かれていた。残留孤児を大切に育ててくれた中国の母達への感謝の像であった。

日本のマンガ家のちばてつやが作製して贈ったものだと言う。その像を見た時、私達は救われた思いだった。

旅はこうして終わったが、八十歳をすぎた元少年達の泣き声がいつまでも私の耳に残された。その後、また礎会の会合にさそわれた。それは少年達が満州に渡る前に訓練をした内原近くの会場だった。

この日この会を牽引して来た青木邦良が命を終えたという事を知らされた。私をこの会に入れてくれた人でもある。青木は礎で学んだ後、召集され兵士として活躍していたが、終戦と同時にソ連軍に抑留され苦難の日々を送った人である。

その青木が忘れられないのは内原での暮らしだったそうだ。そして訓練を終えて友達と渡満街道を歩いて行ったあの日のことが思い出される。青木はいまわの際にこう言ったそうだ。

「おれの骨は渡満道路にまいてくれ」苦しい息をしながら青木は言ったそうだ。

晩年青木は桜基金というものを打ち立て、関係者から基金を募り、渡満道路に桜を植え続けていた。

その頃には渡満街道は渡満道路と呼ばれていた。街道というにはあまりに道巾がせまかったのだ。青木が植えた桜は春ごとに花の数をふやしていた。

内原近くの民宿のような宿にとまった私達は翌日、渡満道路の突先に立っていた。青木の妻の節子が小さな壺《つぼ》の中におさまった青木の骨を私達の手の上に少しづつのせてくれた。

骨は粉砂糖のように細かくくだかれていて、手の上でサラサラとゆれた。早春の少し冷たい風が私達の足元を吹きぬけた。

手の上の骨は私達が散骨をする前に風に散りそうだった。青木が情熱をかけて育てた桜は今にも咲き出そうとしていた。「青木、ゆっくり休めよ」と誰かが叫んだ。その声も風に散った。

お坊さんもいないし、お経もない。私達は心をこめて、桜の根方に青木の骨を埋めた。

「お疲れさま、青木」「また会おうな」「満州をわすれるなよぉ」

骨をまきながら皆泣いていた。細い道端に立った老いた男達は泣いていた。

桜の木の下にまかれた青木の骨が時折、風に舞った。

# 南の島の羊羹《ようかん》

「恩賜のタバコを頂いて、明日は死ぬると決めた日は」という軍歌があった。いざ決戦という際に天皇からの賜物として、タバコが配られる。そしてタバコの吸えない兵士のために羊羹が用意されていた。

兵士たちはそれらの下賜品をありがたく頂き、勇躍、死の戦いにのぞむのだった。

ある時、私は銀座風月堂のご主人、水原庸光氏と雑談をしていた。

彼は戦争中にインドネシアのセレベス島で羊羹を作っていたという話をしてくれた。

水原氏は銀座に和菓子店を作った後、セレベスに渡ったそうだ。そこで彼が見たものは日本から送られて来る羊羹が海に捨てられている風景だった。

恩賜のタバコも羊羹も日本から運ばれていたのだが、羊羹はなま物、遠い旅に耐えられなくて、南の島で大量に捨てられている風景を水原氏は見たそうだ。はるばる南の島までやって来て、空しく廃棄される羊羹が気の毒で何とかならないかと考えたそうだ。

「これでは天皇陛下に申し訳ない」と考え、現地で羊羹を作れないものかと考えあぐね、水原氏は海にもぐる事にした。

羊羹の材料となる天草を見つけるためだった。寒天の代りとなるものが必要だったのだ。天草の類《たぐ》いはいくらもあったが、なかなかふさわしいものは見い出せず、苦労をされたそうだ。

危険な海にも入って天草さがしの毎日だったという。ようやく、南洋製羊羹が完成した時、うれしくて泣いたと言う。

その話を聞いた時から、水原さんが羊羹を作ったというセレベスに行って見たいと思っていた。

私がセレベス、現在のスラウェシに向かったのはしばらく経っての事だった。インドネシア通の男性二人に同行して、バリ島からスラウェシに渡った。水原さんの時代には十日も二十日もかかったそうだ。

私達はバリ島で二日程、飛行機待ちをして、スラウェシ島に渡った。ウジュンパンダンに到着する。空港に一人の青年がやって来た。マルシェルという若者で、ウジュンパンダンでたった二人の日本語が話せるガイドの一人だそうだ。

マルシェルは沖浦先生に日本語を教わったのだと自慢そうに言った。私達は誰もオキウラ先生を知らなかった。

「桃山学院大学の民族学の権威、沖浦先生を知らないのか」と不機嫌だった。彼は最近結婚して男の子が生れたので、その子にオキウラと名付けたのだと話した。

マルシェルはインドネシア人の中でも色が黒かったが、スマトラのバタック族の娘と結婚したので、子どものオキウラも色が白いのだと自慢した。

マルシェルはこの夜、私達をセレベスの名物、サンセットに連れて行った。ここの日没はつとに有名なのだそうだ。海辺は人でいっぱいだった。世界一美しいと言われる夕日を見ようと沢山の人が集っていた。

屋台の食べ物屋も並んで、にぎやかだったが、セレベスはイスラム教徒がほとんどという土地なので、アルコール類は禁止されている。「これで酒があればなあ」と観光客は嘆くのだそうだ。

美しいサンセットを見た翌日、町中にひびくコーランの声に起された。拡声機でコーランを流すのだ。町の人々はこの声が聞こえたら、何をしていてもお祈りの場所にかけつけて来るのだそうだ。

そんな興奮の町をよそに、私達はマルシェルの車に乗せられ、トラジャに向った。その日、九時間もかけて、ようやくトラジャの高台のホテルに到着した。

移動するだけで終ったその夜は寝るだけだった。翌朝、マルシェルが大きな声でやって来た。「今日、葬式が見られますよ」と叫んでいる。

葬式がある事がそれ程ラッキーな事なのか、訳の分からないまま、私達は葬儀場に向った。車の窓からはあちこちの水田で働く水牛と人の姿が沢山見えた。

しかしマルシェルは「今回の葬儀では四十六頭の水牛が殺されるんです」と自慢する。トラジャでは水牛は死者を天国に導くものでその数が多いほど仕合せな死者であるというのだ。

トラジャの葬儀は壮絶であった。三百人もの村人が集まり、竹を組んだ仮小屋が空地をぐるりと取り囲み、参加者は一週間もここで寝起きするのだそうだ。

この日、殺される水牛は十歳位の小さな男の子が引き出して来た。驚いた事にその子は右手で水牛を引き、左手でタバコをつまんでいた。

いざ殺される寸前に、その子の弟らしい男の子が飛び出して来て、水牛のツノにぶら下がり、クルッと廻って見せた。周囲の人々がその姿に笑った。

おそらく、水牛と兄弟は仲良く暮らしていたのだろう。仲の良かった水牛がこの日、殺されるというのに、少年達はめっぽう明かるい。誇らし気なのだ。自分達と仲間だった水牛が葬儀の屠殺に選ばれた事が自慢でならない様子だった。

水牛の首に小刀がさされた。血が噴水のように飛び上った。水牛は声も出さず絶命した。死者を神様の所に運ぶ役割が牛を崇高《すうこう》に見せていた。

参加者達は目の前で殺された牛の肉はもちろん、血までもごちそうになるのだそうだ。連日くり返される屠殺で会場には血が地面にこびりついていて、不潔きまわりない。蠅《はえ》もブンブン飛んでいる。

この葬儀の喪主はウジュンパンダンで警察官をして成功したのだそうだ。トラジャの人はウジュンパンダンという町に出る事によって成功と富を手に入れるのだと言う。

この日、七頭の水牛が殺されたのだそうだ。

四十六頭の神への生贄となる水牛たちはその日が来るまで、畑で子ども達と平和な時をすごしていたのかと思うと、哀れをさそう。

私達はここで車にもどった。とても一週間はおつきあい出来ない。それに私はこの地に葬儀を見に来たのではなく、羊羹作りの地を目指して来たのだ。

旅はここでマルシェルと別れ、別のガイドを待った。やって来たのはミナハサの女の子、八代亜紀に似た可愛い子だった。ミナハサ美人と呼んで、日本の兵隊が愛したというのはこういう子だったのだろうか。

早速、男性二人はこの子を「アキちゃん」と呼んで可愛いがった。アキちゃんは可愛いだけでなく、賢くて、私達の知りたがっている所に連れて行ってくれた。

昭和十七年一月十一日、アキちゃんが連れてきてくれたこのメナドの地にまっ白な落下傘が花のように下り立ったのだと言う。落下傘降下作戦は陸軍も海軍も早くから計画していた。

実際に先を制したのは海軍のメナド降下だったが、一ケ月後、スマトラ島のパレンバンの奇襲降下の方が派手に取り上げられ、歌や映画で宣伝されて有名になった。

海軍の方は面白くなかったそうだ。オランダ軍が占領する敵地に悠々と下りて来た日本兵は三百三十四名でランゴアン飛行場に着地した。

インドネシアは長い間オランダの圧政に苦しんで来たので、「いつか空から黄色い人が下りて来る。その人が自分達を助けてくれる」という言い伝えをずっと信じていた。

そこへ、日本の兵隊が三百人余も空から下りて来たのだ。彼等は喜び、その後の日本軍のオランダ攻めの手伝いを喜んでしたのだと言う。

ミナハサの娘達も落下傘で下りて来た若者達を神のようにありがたがった。この頃に、生れた子どもは日本人の血をひいていて、優秀であったと言う。

我等のアキちゃんはこの辺をさがせばそういう人はいくらもいる筈だと事もなげに言った。時間さえあれば、そういう人をさがし出し、お話を聞きたいものだと思った。

そんな話を聞きながら、私達はメナドの美しい海を見た。

その時、アキちゃんが突然言った。

「そうだ。船に乗りませんか。きれいですよ」

それは観光ルートには入っていなかった。アキちゃんのスペシャル・サービスだったらしい。

小ぶりの蒸気船に私達は乗り込んだ。船の底はガラスになっていて、海の底までながめられた。色とりどりの魚が泳いでいる。それは夢のような世界だった。

その時、私は見たのだ。魚達の泳ぎにまぎれて、海草がゆれ動くのを。突然私は気がついた。水原さん達が命がけで寒天に代るものを見つけたのはここだ。メナドは日本軍が空からやって来た土地である。軍部はここをセレベス攻略の基点としたにちがいない。

水原さんのように軍属《ぐんぞく》と呼ばれる人達もここに住んでいたに違いない。水原さんにはミナハサ美人はいなかったのだろうか。

水原さん達がこの地で作った羊羹を食べて兵隊さん達は戦いに出て行ったのだろう。

船底の魚達の乱舞に心を奪われているうちに、船の小さな旅は終った。

前日、ウジュンパンダンで日没を見た時、見た海は水原さんの海ではないと思った。メナドまで来てやっと目的を果たした気がした。

こうして、私のセレベス旅行は終わった。

帰ったら、水原さんに会おう。会って、メナドの海のことを報告しなければならない。

しかし、私が旅の報告をさせて頂く前に、水原さんはこの世の人ではなかった。私にセレベス島の話を残して、彼は旅立ってしまった。

「もっと、ていねいに聞いておくべきだった」という悔いは残ったが、美しかったメナドの海を見た事をありがたく思っている。

# 樺太《からふと》から来た少女

廃墟と化した日本時代の建物。

私が小学校一年の時、戦争は終った。昨日まで戦争を礼讃し、「子どもと言えども戦争のために命がけであれ」と言っていた先生が、急に「日本はまちがった戦争をしていた。皆で反省しなくてはならない」と言い出した。

子ども達は大人の急変について行けず、「一体どちらが正しいのか」と戸惑うばかりだった。世界の中で「劣かな戦争をしたダメな日本人」と呼ばれるようになったのだ。

私達の人生への第一歩は「反省」という言葉から始めなければならなかった。クラスの中には戦争で父親を失った友達も沢山いた。彼等は「自分の父はまちがった戦争で死んだのだ」と哀しい思いで新しい時代を迎えなければならなかった。

そんな惨めな小学生の私達の所に、一人の少女がやって来た。敗戦国の辛さ、貧しさが続いた後で、ようやく希望の光が見え始めた頃の事だ。

終戦間際、私達の暮らしを一層貧しくしていたのは、私の村で起こった火事だった。戦火ではなく、一軒の家の出火からだった。村中を焼き尽くされて、学校も丸焼けだった。

最初は青空教室、寺や神社での仮教室、雨の日は防空壕の中での授業だった。そんな状況を救ってくれたのは村の人達で、村のわずかな貯えを子ども達のために放出してくれてバラック建ての教室が作られた。

それだけでもうれしかったが、床は土なので、私達は下駄をはいたまま勉強していた。それが四年経った昭和二十四年、私達が四年生になった時、やっと本当の建築の教室が出来た。ま新しい板で床がはられていた。私達はうれしくて、その出来たばかりの床の上でゴロゴロと寝転んで喜んだ。

そんな頃だった。その少女は突然、私達の前に現れた。日下哲子というその少女は樺太から来たという。

「カラフト」とは一体どこなのか。私達は湘南の海辺の村しか知らなかった。

日下哲子はさっきまで戦争をしていたような厳しい目をして、やって来た。私達は哲子の出現によって、カラフトという地名を覚えたのだった。

おいおいに分かった事によれば、彼女の家族はこの村に嫁いでいた母の妹を頼って、やって来たのだった。私達は自分達と同じ年なのに、信じられない苦難を越えて来たこの少女にただただ目を見はり、彼女が持ち込む「戦争」の姿に心ひかれて行った。

日下哲子の両親は新天地を求めて若い日に樺太に渡ったのだそうだ。樺太はもともと北海道の松前藩の巡見使一行の上陸によって知られ、日本人とロシア人の雑居の島であったが、日露戦争後のポーツマス条約により島は二つに分けられ、北緯五十度を国境として、二国が共有する事になったのだそうだ。

小学生の私達にはそんな事は分からない。ただ何だか北の方に樺太という所があり、国境で仕切られた南樺太に日本人がいっぱい住んでいたという事がわずかに分かっただけである。

南樺太には三十六万人の日本人がいたという記録もある。そこはニシンやサケ、マス、タラなどの水産業を始めとし、木材も豊富で製紙会社などが繁栄していた。日本の男達は仕事を求めて、樺太に渡ったという。新天地がそこにあったのだ。

日下一家もこの地で恵まれた日々を送っていたのだと言う。戦争が始まっても、樺太は東京などのような空襲の被害もなく、平和そのものであったそうだ。豊富な食料やパルプを求めて、日本人は樺太にどんどんやって来た。

そんな仕合せがいつまでも続くように思えていたそうである。終戦間際の突然のロシアの参戦。国境を越えて、ソ連軍が攻めて来る。あわてふためいて日本人は港にかけつけ、北海道に逃げ出した。家も家財も仕合せも何もかもを捨てて、日本人は樺太を後にした。

先を争って、日本人家族は船に乗り、北海道に逃れたのだ。不幸にして、北海道を目前にして、ソ連軍の空からの爆撃により、船は沈没させられ、避難民達は海に投げ出されてしまう。増毛町には遺体や遺留品が流れ着き涙をさそったのだった。

すでに日本はポツダム宣言を受諾し、終戦の日も迎えていたのだが、ソ連軍はそれを認めず交戦中であるとの考えから、引揚船を討ったのだそうだ。

いずれにしても樺太にいた日本人は我れ先にと北海道に逃げて行った。日下哲子の父親だけはがんとして帰国をこばんだ。「どこまでも樺太で生きて行く」と父は言った。

しかし、二十九万人の日本人が引揚げてしまうと町はロシア人で埋まり、ロシア語しか通用しない社会になってしまったのだった。

それでも哲子の父はめげずにロシア語を学び、鉄道員になった。哲子達兄弟はロシア人の学校に通い始めた。一家の暮らしは再びやって行けそうに見えた。

そんな矢先、哲子の家にロシア兵が二人来た。玄関で父は話していたが、いきなり銃声が聞こえた。玄関には父の遺体が横たわっていた。未熟なロシア語が誤解を生んで、いきなり撃たれてしまったのだ。

父を失ってはもう樺太では生きて行けない。哲子たちは最後の引揚船にやっとの事で間に合って北海道に渡ったのだ。

それからが長い旅だった。哲子達が身をよせる事の出来たのは哲子の母の妹の嫁ぎ先の私達の村だったのだ。

哲子の母の妹の嫁ぎ先は夫が事業に成功していて豊かな家だった。村中を焼き尽くした火事もこの家をさけるように進み、この家は無傷であった。

この家の物置を借りて、一家は落ち着いた。が、不幸はまだ哲子達を見放しはしなかった。

生活のために農家の手伝いに出ていた哲子の兄が、田んぼで敗血症となり、数日寝ついただけで死んでしまったのだ。

父親を亡くした後、中学生になっていたこの子を母はどれほど頼りにしていたか知れない。哲子と妹と母だけが残されてしまったのだ。

だから哲子はこの家の家計を支えなくてはいけない。学校から帰ると哲子は村の名産の漬物屋に通って、オバサン達に混じって、塩辛のイカをさばく仕事をしていた。もちろん母も生活のために他家の女中になっていた。

たった四年生でお金を稼いでいた哲子のことは私は最初分からずにいた。オバサン達と笑いながらイカをさばいている哲子を変った子だなあと思っていた。

学校での哲子は必死だった。戦後のドサクサで彼女の学業は相当遅れていた。が、生来賢い人だったからまたたく間に授業に追いついた。生活のために賃仕事もしていたのに、一体いつ勉強したのだろうか。

燃えるような目をして、彼女は教室で座っていた。

ある時、哲子は私に言った。「朝起きるでしょう。私の最初の仕事は二つ並んだかまどに火をつける事なの。おばさんの家の釜と、うちの釜が二つのかまどの上に乗っているの。炊き上がった所で火を止めて、二つの釜のふたを開けて見るでしょう。するとネ、一方はまっ白なお米、もう一つは麦だらけの黒い飯。哀しいわよ。貧乏っていやだなって思うわよ」

私は驚いた。毎朝、白と黒のごはんを炊く同級生の顔をじっと見つめた。彼女は続けて言った。

「それでも何でも叔母さんの家の物置に住まわせてもらうだけでありがたいのよ。従姉妹達と着るものから食べるものまで何もかもが違っていても、仕方ないの」

と彼女は笑う。漬物屋で働くのも少しでも暮らしの足しになればと自分からみつけた仕事なのだそうだ。

当時、戦争が終わって間もない日本では、子どもと言えども労働者だった。弟妹の面倒や井戸水くみ、農業の手伝いなど、何かしら働き手として親を助けるのは当然の事だった。

しかし、哲子のようなお金を稼ぐ子どもは、見た事も聞いた事もなかった。

何と偉い事だろう。私はもう彼女を尊敬してしまった。樺太での幸福な生活を奪われさえしなければ、哲子は手をまっ赤にして、イカの腸《はらわた》を引っぱり出したりしなくてもよかったのに。と私は哲子の働きに目を見はったのだった。

そんな哲子も私達も間もなく中学生になった。出来たばかりの新制中学は希望に燃えていた。それは戦後という新しい時代が生んだ新しい教育制度だった。

日々の暮らしもようやく上向きとなり、私達は覚えたばかりの英語をやたらと言ってみたりして、楽しんでいた。哲子は相変らず学業の手も抜かず、仕事に励んでいた。

「戦争が終ってよかったネ」と哲子は言った。民主主義が大好きだとも言った。

「哲ちゃんはかしこいのネ。色んな事を知ってるんだもの」と私は感心した。

その哲子は笑って言う。

「世の中には、何故仕合せな人と私みたいに大変な人といるのかなあっていつも考えているのよ」

両親揃っていて、何一つ不足なく暮らしている私は申し訳ないような気がしていた。

「あなたが悪いんじゃないよ。羨ましいだけだよ。あなたにはお父さんがいるんだもの」

哲子は樺太に埋めて来た父の遺骸《いがい》の事をいつも考えているのだと言った。世の中の事を知るためにラジオを聞いているのだとも言った。ラジオと言えば『鐘のなる丘』か『日曜娯楽班』ぐらいしか聞かない私はひるんだ。

そんな事からも「哲子は大人だなあ」と思っていよいよ尊敬した。

漬物屋の仕事などで忙しい哲子だったが、いつ勉強するのか、成績もよかった。

中学三年になると、それぞれ進路を決めなくてはならない。私は迷う事なく高校進学と決めていた。それより哲子の事が気がかりだった。

彼女は優秀だから、高校進学に充分な実力を持っていた。

「どうするの？」とたずねると、「迷う事なく就職よ。一日も早く働いて、母や妹に楽をさせたいのよ」と言った。

当時は半分以上の者が中学を出るとすぐに働きに出ていた時代だったから、決して不自然ではなかった。ただ成績の良い哲子が進学出来ない事を先生達も惜しんでいた。

就職についても、哲子は積極的で、給料の良い会社を選んでいた。その会社の筆記試験は難なくパスした。問題は面接の時だった。試験官は哲子に「政治は何党を支持しますか」とたずねたそうだ。

哲子は「共産党が一番好きです」と堂々と答えて、見事に落とされてしまった。中学の先生は残念がった。

「何でそんな事を言ったのか」と先生に聞かれて、「共産党の人がラジオで『貧しい人のために良い世の中を作ります。戦争は絶対しません』て話していたんです。だから貧しい私はこの党が一番良いと思ったんです」

そう言われて、先生は彼女を叱る気もなくなったと後で話してくれた。

就職に失敗した哲子には他に進む道がなかった。どこももう就職試験を終わってしまっていたのだ。先生達の力ではどうする事も出来ない。

結局、哲子は叔父の経営する会社の女子職員として拾われ、そこに落ち着いた。「それだけはしたくなかったんだけどネ」と哲子は笑って言った。哲子のために、第一志望を落とした事は残念だったと私は思っていた。何故共産党が悪いのかも分からなかった。それきり、私達は別の道を歩き始めて出会う事もなかったし、話し合う折もなかった。

そのまま私達は何年も会わないまま、自分の道を必死で歩いていた。

数年後、私は結婚をして、三人の子どもにも恵まれ、平凡ながら満ち足りた生活を送っていた。

旧盆のふるさとをたずねて、子ども達と田舎の暮らしを楽しんでいた。そんなある日、ひょっこり哲子が来てくれたのだ。彼女も実家に帰っていたのだそうだ。

「駅であんたを見たって、M子が言ったから会いたくて来て見たのよ」

哲子と私はその夜、実家の縁側で久しぶりに昔の話をする事が出来た。哲子は叔父さんの経営する会社で事務員をしていて、同僚の男性と仲良くなり結婚したのだそうだ。その後、お母さんも亡くなり、妹は高校まで出して、自立させたのだそうだ。

「やっと人並になったのよ」と彼女は笑う。彼女の長女は成績もよくて将来が楽しみだともう一度笑った。「主人も良い人でね。夢のような毎日なの」とまた笑う。

哲子の仕合せは自分の手でうばい取ったものだった。共産党がくれたのではない。私達はコロ〳〵と笑った。

「今度、一緒に樺太に行こうね」

その夜、私達は約束した。

そのまま、この約束が果たされる事もなく、歳月は過ぎて行った。うかつな事に彼女の住所も分らなくなってしまっていた。そんな時に思いがけず樺太に行く機会がやって来た。

フィリピン旅行の帰路、飛行機の中で永井さんという男性が「近々樺太に行く」と話していた。樺太は函館から一時間もかからず到着出来るのだそうだ。「私の用はすぐ済むから案内して上げますよ」と彼は言ってくれた。

戦時中、軍属として、インドネシアで仕事をしていたと言う永井氏は戦跡を訪ねる旅でよくご一緒になっていた。その永井氏が樺太に行くと言う。これはチャンスだと思い、私は同行をお願いした。日下哲子をみつけ出す時間はなかった。

私の樺太行きは即、実行された。とりあえず永井氏の教えられた通り、函館に向った。空港で北海道在住の永井氏とドッキング。案内されて、ほんの少し歩くと「国際線」の文字があった。そこで手続きを済ませ、サハリン行きの便に席をとると、飛行機は飛び立ち、北海道上空を飛んでいると思っていると、アッという間に着陸。そこが私のあこがれた樺太だった。

こんなに近かったのかと呆気に取られていた。そして「何故もっと早く哲子と来なかったのか」と後悔した。サハリン空港では入国にちょっと手まどった。永井さんはちゃんと入国の目的があったが私にはない。唯「樺太に来たかった」では入国目的とはならない。どうしたものかと思案していると、永井さんが「私の秘書になって下さい」と言ったので、そうする事にした。たった一人、それも女一人の観光なんて目的にならなかったのだ。

サハリンはすでにロシアの街だった。そこが日本人の街であった記憶などどこにもない。私達が落着いたのはユジノ・サハリンスク。かつて豊原と呼ばれた街である。現在もサハリン州の中心的な街であると言う。この街のホテルに私達は落ち着いた。

夕方、街に出て見る。社会主義体制が崩壊した直後のサハリンは混乱し、レーニン像が倒されたままになっていた。人々の暮らしは安定せず、スーツを着た夫人がゴミ箱をあさっている姿などが目に入った。

日下哲子一家が暮らした家はどこにあるのだろうか。ロシア人が行き交い、ロシア語が溢れている。ここは樺太ではなく、サハリンだった。

日本人の街であった面影など、どこにもない。何のために、私はここに来たのだろうか。

絶望がせまって来たのだった。

それを救ってくれる人物が現れた。韓国籍である故に帰国が許されずサハリンに残された或る一家の息子、Nさんだった。韓国人であっても戦中は日本人として、樺太に生きていたので、彼は日本語が話せた。

樺太に残された事を恨んだりせず、彼はロシアの街で戦後を生きて来た。彼の息子にはロシア人の娘が嫁に来たそうだ。お金をためて、北海道に日本製の中古車を買いに行くのが夢なのだそうだ。

私達の願いを聞き入れてくれて、サハリンの街を案内してくれた。ロシア産の中古車を運転して、私達を迎えに来てくれた。私の望みは国境のあった地点に行く事だったが、それはあまりに遠くて、無理だと言う。この道のずっと向うだとNさんは言った。

「そんなに見たいなら」と彼は歴史博物館に連れて行ってくれた。そこに古い石碑があった。国境を示す石碑である。小さな石のかたまりにはロシア国と日本国の境を示す線が引かれていた。石碑の表面にはロシアが見えていて、日本の面は裏を向いている。この国境を越えて、ロシアに逃げた女優と演出家がいた事を思い出していた。国境の向こうに自由はあったのだろうか。この小さな石は愛に生きようと命をかけた男女の事を覚えているのだろうか。

私達は三日間Nさんの車でサハリンを旅して廻った。ここにはもう日本時代を伝えてくれる物は何一つなかった。哲子達が生きたであろう地も見つからないまま、帰る日を迎えてしまった。「樺太」はむしろ、私の心の中に残されている事に私は気づいていた。

全く能率の悪い旅だった。

# あとがき

「戦争の事が知りたい」と子どもの頃から思っていた。「どこそこの兄さんはニューギニアだって」とか「あそこのおじさんはラバウルに行った」などと聞いて育った。

大人になってからも、元兵隊さんに話を聞きに行って、ビールの相手をしながら、軍隊生活の話を聞いた。

「変った人だねえ。あんたは」などと言われたが、知りたい気持はどうすることも出来なかった。

結婚して、主婦になってもその病いは昂《こう》じるばかりだった。子ども達が大きくなると、これ幸いと世界に飛び出した。家計費をへそくって旅費を作り、旅に出た。

夫は妻を放し飼いにしてくれて、悪妻に目をつぶってくれた。

最初は戦友会などにお邪魔していたが、段々、戦友会もおしまいになってしまった。

それでもチャンスは向うからやって来る。南の島に行くと、今でも砂浜の中に日本兵の骨がまじっていると言われ、サラサラと手の上で砂が泣くのを聞いた。

遺骨収集とか慰霊碑建立と言った国家の戦後処理は皆無ではないが、やっぱり遠い地に忘れられた骨達は哀しいと思った。

せめて、私みたいなお調子者が行って、「帰りたかったでしょう!!」と日本語を聞かせて来たいと思った。

私の旅は戦争の時代を必死で生きた先人達に「ご苦労様」と言いに行く旅だった。

家計費のへそくりと元気な体を元手に旅して歩いたが、七十四歳になった時、脳梗塞に倒れ、病院生活を余儀なくされた。ベットの上で、あの〝旅〟達の事をまとめて置きたいと考えた。そうしないと死ねないと思った。

長年の友、今井恒雄氏が応援して下さって一冊にする事が出来た。

そして、出版を快諾して下さった展望社社長・唐澤明義氏ともども
心より感謝申し上げたい。
（本文中、敬称は省略させていただきました。）

新井恵美子

新井恵美子（あらい えみこ）
昭和14年、平凡出版（現マガジンハウス）創立者、岩掘喜之助の長女として東京に生まれ、疎開先の小田原で育つ。学習院大学文学部を結婚のため中退。日本ペンクラブ会員。日本文芸家協会会員。平成8年「モンテンルパの夜明け」で潮賞ノンフィクション部門賞受賞。著書に「岡倉天心物語」（神奈川新聞社）、「女たちの歌」（光文社）、「少年達の満州」（論創社）、「美空ひばり ふたたび」「七十歳からの挑戦 電力の鬼松永安左エ門」「八重の生涯」「パラオの恋 芸者久松の玉砕」「官兵衛の夢」「死刑囚の命を救った歌」「『暮しの手帖』花森安治と『平凡』岩掘喜之助」（以上北辰堂出版）、「昭和の銀幕スター100列伝」「私の『曽我物語』」「雲の流れに 古関裕而物語」（以上展望社）ほか多数。

“戦争”を旅する

令和2年8月15日発行
著者／新井恵美子
発行者／唐澤明義
発行／株式会社展望社
〒112-0002 東京都文京区小石川3-1-7エコービル202
TEL:03-3814-1997 FAX:03-3814-3063
http://tembo-books.jp
印刷製本／モリモト印刷株式会社


ISBN 978-4-88546-382-2 定価はカバーに表記